交通运输科技丛书·公路基础设施建设与养护
交通运输重大科技创新成果库入库成果

黄土地区高速公路施工安全管理

尚海波　郭　涛　杨　磊　　等 编著
张芳燕　陈世樑

人民交通出版社股份有限公司

北京

内 容 提 要

本书结合黄土地区的特点，介绍了黄土地区高速公路工程项目施工安全管理的要点，主要包括：安全生产责任体系建设、安全保障体系建设、双重预防体系建设、设备设施管理及应急管理体系建设五方面的基础管理内容，安全技术措施、安全技术交底等安全技术管理内容，临建设施、路基、路面、桥梁、隧道、交通安全设施等施工现场安全管理要点及典型信息化安全技术成果内容。

本书可供黄土地区高速公路建设、监理、施工单位安全生产管理人员使用，其他公路工程安全管理人员也可参考使用。

图书在版编目(CIP)数据

黄土地区高速公路施工安全管理／尚海波等编著
．— 北京：人民交通出版社股份有限公司，2022.7
ISBN 978-7-114-17968-6

Ⅰ．①黄⋯ Ⅱ．①尚⋯ Ⅲ．①黄土区—高速公路—道路施工—安全管理 Ⅳ．①U415.11

中国版本图书馆 CIP 数据核字(2022)第 080896 号

Huangtu Diqu Gaosu Gonglu Shigong Anquan Guanli

书　　名：	黄土地区高速公路施工安全管理
著 作 者：	尚海波　郭　涛　杨　磊　张芳燕　陈世樑　等
责任编辑：	牛家鸣
文字编辑：	王景景
责任校对：	孙国靖　扈　婕
责任印制：	刘高彤
出版发行：	人民交通出版社股份有限公司
地　　址：	(100011)北京市朝阳区安定门外外馆斜街 3 号
网　　址：	http://www.ccpcl.com.cn
销售电话：	(010)59757973
总 经 销：	人民交通出版社股份有限公司发行部
经　　销：	各地新华书店
印　　刷：	北京交通印务有限公司
开　　本：	787×1092　1/16
印　　张：	11
字　　数：	207 千
版　　次：	2022 年 7 月　第 1 版
印　　次：	2022 年 7 月　第 1 次印刷
书　　号：	ISBN 978-7-114-17968-6
定　　价：	90.00 元

(有印刷、装订质量问题的图书由本公司负责调换)

交通运输科技丛书

编审委员会
（委员排名不分先后）

顾　　问：	王志清　汪　洋　姜明宝　李天碧
主　　任：	庞　松
副 主 任：	洪晓枫　林　强
委　　员：	石宝林　张劲泉　赵之忠　关昌余　张华庆
	郑健龙　沙爱民　唐伯明　孙玉清　费维军
	王　炜　孙立军　蒋树屏　韩　敏　张喜刚
	吴　澎　刘怀汉　汪双杰　廖朝华　金　凌
	李爱民　曹　迪　田俊峰　苏权科　严云福

《黄土地区高速公路施工安全管理》

编 写 组

主　　编：尚海波　郭　涛　杨　磊

副 主 编：张芳燕　陈世樑　郭春敬　顾文惠

成　　员：马冬云　王　敬　王培剑　牛彦峰　冯凯伟

　　　　　刘田俊　刘江龙　李元军　杨　鑫　陈绍伟

　　　　　孟丹奇　赵海元　郝松青　要　琦　徐乙文

　　　　　殷国栋　郭　瑞　程建华　焦立群　强白亮

　　　　（按姓氏笔画排序）

统　　稿：张芳燕

GENERAL ORDER | 总　　序

　　科技是国家强盛之基,创新是民族进步之魂。中华民族正处在全面建成小康社会的决胜阶段,比以往任何时候都更加需要强大的科技创新力量。党的十八大以来,以习近平同志为核心的党中央做出了实施创新驱动发展战略的重大部署。党的十八届五中全会提出必须牢固树立并切实贯彻创新、协调、绿色、开放、共享的发展理念,进一步发挥科技创新在全面创新中的引领作用。在最近召开的全国科技创新大会上,习近平总书记指出要在我国发展新的历史起点上,把科技创新摆在更加重要的位置,吹响了建设世界科技强国的号角。大会强调,实现"两个一百年"奋斗目标,实现中华民族伟大复兴的中国梦,必须坚持走中国特色自主创新道路,面向世界科技前沿、面向经济主战场、面向国家重大需求。这是党中央综合分析国内外大势、立足我国发展全局提出的重大战略目标和战略部署,为加快推进我国科技创新指明了战略方向。

　　科技创新为我国交通运输事业发展提供了不竭的动力。交通运输部党组坚决贯彻落实中央战略部署,将科技创新摆在交通运输现代化建设全局的突出位置,坚持面向需求、面向世界、面向未来,把智慧交通建设作为主战场,深入实施创新驱动发展战略,以科技创新引领交通运输的全面创新。通过全行业广大科研工作者长期不懈的努力,交通运输科技创新取得了重大进展与突出成效,在黄金水道能力提升、跨海集群工程建设、沥青路面新材料、智能化水面溢油处置、饱和潜水成套技术等方面取得了一系列具有国际领先水平的重大成果,培养了一批高素质的科技创新人才,支撑了行业持续快速发展。同时,通过科技示范工程、科技成果推广计划、专项行动计划、科技成果推广目录等,推广应用了千余项科研成果,有力促进了科研向现实生产力转化。组织出版"交通运输建设科技丛书",是推进科技成果公开、加强科技成果推广应用的一项重要举措。"十二五"期间,该丛书共出版72册,全部列入"十二五"国家重点图书出版规划项目,其中12册获得国家出版基金支持,6册获中华优秀出版物奖图书提名奖,行业影响力和社会知名度不断扩大,逐渐成为交通运输高端学术交流和科技成果公开的重要平台。

"十三五"时期,交通运输改革发展任务更加艰巨繁重,政策制定、基础设施建设、运输管理等领域更加迫切需要科技创新提供有力支撑。为适应形势变化的需要,在以往工作的基础上,我们将组织出版"交通运输科技丛书",其覆盖内容由建设技术扩展到交通运输科学技术各领域,汇集交通运输行业高水平的学术专著,及时集中展示交通运输重大科技成果,将对提升交通运输决策管理水平、促进高层次学术交流、技术传播和专业人才培养发挥积极作用。

当前,全党全国各族人民正在为全面建成小康社会、实现中华民族伟大复兴的中国梦而团结奋斗。交通运输肩负着经济社会发展先行官的政治使命和重大任务,并力争在第二个百年目标实现之前建成世界交通强国,我们迫切需要以科技创新推动转型升级。创新的事业呼唤创新的人才。希望广大科技工作者牢牢抓住科技创新的重要历史机遇,紧密结合交通运输发展的中心任务,锐意进取、锐意创新,以科技创新的丰硕成果为建设综合交通、智慧交通、绿色交通、平安交通贡献新的更大的力量!

2016年6月24日

PREFACE 前　　言

随着我国经济的高速发展,交通基础设施大规模兴建,并逐步由中东部经济发达地区向西北部地区转移。西北部黄土地区,沟壑多,新建公路工程项目的桥梁、隧道比例高,机械设备进场不便,施工难度大、风险大,加之高速公路施工远离城镇,道路通行条件有限,应急救援及时性难以保障,造成公路工程施工企业和项目管理单位安全生产压力巨大。因此,紧密结合黄土地区的地形地貌、水文地质、气候等施工环境条件,研究整理黄土地区公路工程施工安全管理要点具有十分重要的意义。

本书编写工作历时两年多。在编写过程中,得到了山西路桥集团、神岢高速公路建设管理处、长临高速公路有限公司、太原东二环各项目经理部、山西省交通科技研发有限公司、山西省交通运输安全应急保障技术中心(有限公司)等单位的大力支持与帮助,在此表示衷心感谢。

本书因初次编制,调研的范围有限,同时受编写人员的知识及经验所限,疏漏和错误之处在所难免,欢迎广大读者提出宝贵意见,以供本书再版时修改和完善。

作　　者
2021 年 9 月

CONTENTS 目 录

第1章 概述

1.1 高速公路施工安全管理的背景 ············ 002
1.2 公路工程施工安全管理的目的及意义 ············ 003
1.3 公路工程施工安全管理的主要内容 ············ 003
1.4 黄土地区高速公路施工的特点及安全形势 ············ 004

第2章 施工安全基础管理

2.1 安全生产责任体系 ············ 006
2.2 安全生产保障体系 ············ 009
2.3 双重预防体系 ············ 020
2.4 设备设施管理 ············ 027
2.5 应急管理体系 ············ 031

第3章 安全技术管理

3.1 安全技术措施管理 ············ 042
3.2 安全技术交底管理 ············ 045

第 4 章　临建设施安全管理

4.1　场站建设安全管理 …………………………………………… 050

4.2　场站运行安全管理 …………………………………………… 053

4.3　临时用电安全管理 …………………………………………… 067

第 5 章　施工现场安全管理

5.1　路基工程 ……………………………………………………… 078

5.2　路面工程 ……………………………………………………… 094

5.3　桥梁工程 ……………………………………………………… 105

5.4　隧道工程 ……………………………………………………… 126

5.5　交通安全设施 ………………………………………………… 137

第 6 章　安全生产管理新技术应用

6.1　实时定位系统的应用 ………………………………………… 144

6.2　建筑信息模型（BIM）技术的应用 …………………………… 147

6.3　施工现场安全监控系统应用 ………………………………… 148

6.4　智慧可视化综合管理平台应用 ……………………………… 148

6.5　隐患排查治理系统的应用 …………………………………… 149

附录 1　公路工程施工主要安全生产责任

附录 2　公路工程有关安全生产法律、行政法规及规范性文件

附录 3　公路工程施工安全相关的技术标准与规范

CHAPTER ONE 第1章

概述

1.1 高速公路施工安全管理的背景

随着经济的飞速发展,我国大规模兴建基础设施,形成了综合交通运输结构。高速公路是国民重要的基础设施,承担着重要的客运、货运任务。自新中国成立以来,逐步推进高等级公路的建设,尤其是"十二五""十三五"期间,高速公路的建设达到了高峰,基本完成了经济发达地区和大、中城市之间路网的建设,逐步向偏远山区、经济欠发达地区转移。根据交通运输部年度交通运输行业发展统计公报,截至2020年底,高速公路里程达16.10万公里,其中特大桥梁6444座、1162.97万米,大桥119935座、3277.77万米,特长隧道1394处、623.55万米,长隧道5541处、963.32万米。2014—2020年,高速公路新增里程分别为0.75万公里、1.16万公里、0.74万公里、0.65万公里、0.61万公里、0.7万公里、1.14万公里。数据表明,高速公路新建里程呈平稳增加状况,高速公路的桥隧比例增加,同时建设施工的难度增加,生产安全事故时有发生,安全生产形势严峻。

党中央、国务院、各级地方人民政府高度重视安全生产工作,紧紧围绕"安全第一、预防为主、综合治理"的安全生产方针,开展安全生产监督管理工作,先后颁发了《中华人民共和国安全生产法》《中华人民共和国建筑法》《中华人民共和国特种设备安全法》《中华人民共和国消防法》《中华人民共和国职业病防治法》等一系列有关安全生产的法律,并配套制定了《安全生产许可条例》《生产安全事故报告与调查处理条例》《建设工程安全生产管理条例》《生产安全事故应急条例》等行政法规,规范施工单位的安全生产管理。

交通运输部作为公路工程建设的行业主管单位,逐步建立健全行业安全生产与应急管理机制,规范行业安全生产管理。2007年,交通运输部1号令发布了《公路水运工程安全生产监督管理办法》,强化安全生产监督管理。2009年,交通运输部增设安监司,随后各省交通运输厅增设了安全监督管理处,省交通建设质量与安全监督局也随之增设了相关的业务部门,提高了安全生产工作的重视程度,并相继出台了一系列的规范性文件,规范了安全生产工作的关键管理环节,以落实安全生产主体责任,安全生产工作呈现出了崭新的局面。公路工程的各参建单位及相关人员对施工安全生产工作的认识态度也从心存侥幸向主动预防转变,尤其是工程造价较高的高速公路的参建单位。

然而,高速公路建设施工点多、面广、线长,施工期长,作业环境艰苦,从业人员素质参差不齐,人员流动频繁,且专业人员少,甚至无专业的安全管理人员,造成安全工作压力大、成就感小。有些公司、项目安全生产工作流于形式,重文件轻落实,以会议传达精神,以文件落实工作,写一套做一套,"两张皮"现象严重。虽然全国安全生产形势平稳,但仍然严峻。

施工企业、项目经理部是落实安全生产责任的主体,建设单位肩负监督、管理职责,监理单位履行监理职责,基础设施的建设不能以牺牲人的生命为代价,要做到预防为主,参建各方安全生产工作的压力都很大。

1.2 公路工程施工安全管理的目的及意义

安全生产工作关系到社会的安定,对经济发展具有重要的意义。施工安全管理是项目管理的一部分,为项目按照计划实施提供保障。做好安全生产管理工作,对保障人员生命安全,保障国家财产安全,促进社会经济持续健康发展具有重要意义,主要体现在以下几方面:

一是能够有效地预防事故的发生。做好安全管理工作,制定完善的各项安全生产管理制度,规范生产活动行为,杜绝管理人员违章指挥、作业人员违章作业,提升事故应对能力,避免生产安全事故的发生,降低事故损失。

二是保障从业人员的生命健康。新建高速公路施工周期一般为3~4年,野外施工环境恶劣,一线作业人员多数为农民工,安全意识低。做好施工安全管理工作,不断改善劳动条件,预防工伤事故和职业病的发生,为劳动者创造安全、卫生、舒适的劳动条件,合理组织劳动和休息,对保障作业人员的人身安全、生命健康意义重大。

三是能够间接提高生产力。安全装置与设施是生产力的组成部分,安全环境和条件保护生产力作用的发挥,间接促进安全生产。事故的发生会影响正常的施工作业活动,甚至对周边区域造成影响,降低生产效率。

1.3 公路工程施工安全管理的主要内容

安全管理是为实现安全目标而进行的有关决策、计划、组织和控制等方面的活动,主要运用现代安全管理原理、方法和手段,分析和研究各种不安全因素,从技术上、组织上和管理上采取有力的措施,解决和消除各种不安全因素,防止事故的发生。

公路建设的投资建设方式不同,管理模式有所不同。针对一个公路工程项目,从安全生产责任上,主要分为建设单位管理责任、监理单位监理责任、施工单位主体责任,其他参建单位对所从事的生产活动负责;从施工安全管理层级上,分为行业主管部门安全管理、项目施工安全管理、合同段安全管理、工区安全管理、班组安全管理等,其中企业安全管理是不可忽略的部分;从施工安全管理方式上,分为基础管理和现场管理。

在黄土地区,深基坑开挖与支护、降水工程、挖方路基工程、滑坡处治、桥梁工程、隧道工程、起重吊装工程、大型临时工程、爆破拆除工程施工中存在大量的危险性较大工程,是公路工程施工安全管理的重点。安全管理制度是基础,安全技术管理和应急管理都是安全生产的保障。

1.4　黄土地区高速公路施工的特点及安全形势

黄土在世界上分布相当广泛,占全球陆地面积的十分之一,黄土主要分布于世界大陆比较干燥的中纬度地带,呈东西向带状断续地分布在南北半球中纬度的森林草原、草原和荒漠草原地带,总面积大约有1300万平方公里。

我国是世界上黄土分布最广、厚度最大的国家,主要分布在北纬40°以南的地区,分布范围广泛、连续,其西起甘肃祁连山脉的东端,东至山西、河南、河北交接处的太行山脉,南抵陕西秦岭,北到长城,包括陕西、山西、宁夏、甘肃、青海等五个省区的220多个县市,面积达63万平方公里,占全国土地面积的6%。我国西北的黄土高原是世界上规模最大的黄土高原,占中国黄土面积的72.4%,厚50~200m。华北的黄土平原是世界上规模最大的黄土平原。

黄土是最新的地质时期(距今约200万年的第四纪时期)形成的土状堆积物,由极小的粉状颗粒所组成,具有多孔性、垂直节理发育、节理不明显、透水性强、湿陷性等特点。黄土的这些特性对施工而言,具有隐蔽性、不可预见性,导致黄土地区施工容易发生坍塌、滑坡等事故,造成人员伤亡、机具损坏事故,带来重大经济损失。

相对于江河流域,黄土地区公路工程施工受不可抗拒的自然因素影响少,施工风险较低,但安全生产形势不容乐观。在黄土地区沟壑地区新建公路,桥梁、隧道比例高,机械设备进场不便,施工难度大,施工风险大,加之高速公路施工远离城镇,道路通行条件有限,应急救援及时性难以保障,造成公路工程施工企业安全生产压力大。尤其是春融复工期和汛期,是黄土地区公路施工事故的高发期。

CHAPTER TWO 第2章

施工安全基础管理

基础管理是施工安全生产的保障，主要是结合项目的建设规模、管理模式来建章立制，明确各参建单位的职责，确定各组织机构的分工，以确保安全生产活动顺利开展。本章主要从安全生产责任体系、安全生产保障体系、双重预防体系、设备设施管理、应急管理体系等方面进行论述，为高速公路施工安全生产管理提供指导。

2.1 安全生产责任体系

2.1.1 公路工程施工管理模式

高速公路施工安全管理至少包括公司安全管理和项目安全管理。目前，常见的公路施工企业安全管理的模式如图2-1所示，项目安全管理的模式如图2-2所示，不同的管理模式决定了不同的安全管理机制。

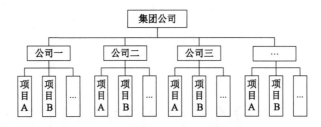

图2-1 公路施工企业安全管理模式图

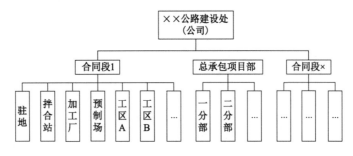

图2-2 公路施工项目安全管理模式图

2.1.2 安全生产管理组织机构

为加强安全生产工作的领导，落实安全生产责任，在公路工程建设施工活动中，常设立的安全生产管理机构或组织有：安全生产管理机构、安全生产委员会（以下简称"安委会"）、安全生产领导小组、安全生产委员会办公室（以下简称"安委办"）、应急工作领导组、应急工作领导办公室（以下简称"应急办"）等。不同单位或机构应结合实际情况，依法设置安全生产管理组织机构。

(1) 安全生产管理机构

《中华人民共和国安全生产法》第二十四条规定:"矿山、金属冶炼、建筑施工、道路运输单位和危险物品的生产、经营、储存单位,应当设置安全生产管理机构或者配备专职安全生产管理人员"。因此,公路工程施工企业、建设单位(项目公司)应依法设置安全生产管理机构或配备专职安全生产管理人员。

(2) 安委会

生产经营活动中,安委会是生产经营单位的议事协调机构,不代替安全生产管理机构的职责。安委会的主要任务是,在主要负责人的领导下,研究部署、指导协调本单位安全生产工作,研究解决安全生产工作中的重大问题。

安委会一般是由生产经营单位的主要负责人、主要副职领导及中层领导组建而成。法人或者主管安全生产的最高领导通常就是安委会主任,分管安全业务的领导是常务副主任,其他领导为成员。

目前,相关安全生产法律法规未要求每个生产经营单位均建立安委会。因此,高速公路施工企业、公路工程项目管理单位可结合公司经营管理模式、建设规模等实际情况,自主决定是否成立安委会。安委会的成立应以行文确认,成员变更时,应经安委会主任同意后,以行文确认。

(3) 安全生产领导小组

公路工程施工项目经理部没有法人资格,是一个代表公司独立开展工程建设的临时性组织机构,一般不设安委会。为了加强安全生产管理,落实施工安全主体责任,应组建安全生产领导小组。

(4) 安委办

安委会是一个协调议事机构,不承办日常安全生产事务工作。鉴于安委会的组织的特殊性,为了保证安委会日常工作的有序开展,设置安委办,该办公室通常设在安全生产管理机构,或由专职安全管理人员兼顾承担相关工作,但安委办与安全生产管理机构在组织性质上是完全不同的。

(5) 应急工作领导组

为加强应急管理工作的组织领导,提高快速反应和应急处置能力,有效预防和应对各类突发事件,生产经营单位设立应急工作领导组。该组织一般由企业主要负责人任组长,由组长、副组长和成员组成,按照"统一领导、条块结合、分级负责、属地管理"的原则,研究部署应急管理工作的重大事项,组织、协调、指挥突发事件应对处置工作,并完成上级部门交办的其他应急管理工作。

应急工作领导组长为应急管理工作第一责任人,全面负责应急管理工作;各副组长按照"一岗双责"原则,负责分管范围内突发事件的应急处置工作;各成员按照职责分工协助组长、副组长落实突发事件应急处置的具体工作。

(6)应急办

应急办是应急工作领导组的下设机构,由主任、副主任等人员组成,通常设在公司或项目安全生产管理部门或办公室,负责日常应急管理工作。

2.1.3 安全生产管理人员

依据《公路水运工程施工企业主要负责人和安全生产管理人员考核管理办法》(交安监发〔2016〕65号),施工企业主要负责人是指对本企业生产经营活动、安全生产工作具有决策权的负责人,以及具体分管安全生产工作的负责人、企业技术负责人;施工企业安全生产管理人员是指企业授权的工程项目负责人、具体分管项目安全生产工作的负责人、项目技术负责人;企业或工程项目专职从事安全生产工作的管理人员。

《公路水运工程安全生产监督管理办法》(中华人民共和国交通运输部令2017年第25号)第十四条规定:"施工单位的主要负责人和安全生产管理人员应当经交通运输主管部门对其安全生产知识和管理能力考核合格"。

公路工程施工企业应按要求定期组织主要负责人和安全生产管理人员参加考核,相关人员取得安全生产考核合格证后方可上岗从事工作。

公路施工项目经理部是施工企业的主要组成部分,应根据工程施工作业特点、安全风险以及施工组织难度,按照年度施工产值配备专职安全生产管理人员,不足5000万元的至少配备1名;5000万元以上不足2亿元的按每5000万元不少于1名的比例配备;2亿元以上的不少于5名,且按专业配备,确保能保障安全生产管理工作的有序开展。

参与建设施工的监理单位应配备安全总监,对施工安全生产活动进行管理。

2.1.4 建立健全安全生产责任制

(1)工程项目安全生产责任

建设单位、监理单位、施工单位应结合项目实际,依据三方的权责,营造"全员参与"的安全生产氛围,应围绕工程项目建立横向到边、纵向到底、职责明晰的安全责任体系,如图2-3所示。

建设单位对工程安全生产负管理责任,监理单位对工程安全生产负监理责任,施工单位对施工现场的安全生产负主体责任,而施工单位主要负责人依法对项目安全生产工作全面负责。

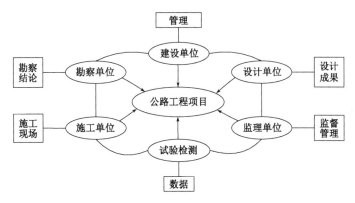

图 2-3 安全生产责任体系图

此外,如建设工程实行施工总承包的,由总承包单位对施工现场的安全生产负总责。分包单位应当服从总承包单位的安全生产管理,分包单位不服从管理导致生产安全事故的,由分包单位承担主要责任。

(2)公路工程施工企业安全生产责任

公路工程施工企业主要负责人对公司安全生产活动全面负责。结合经营管理模式,参照图 2-1 建立自上而下、分级管理、分层负责的安全生产责任体系,做到一级抓一级、一级对一级、层层有落实,具体安全责任内容可参见附录1。

(3)安全生产责任制考核

在安全责任体系的基础上,确定各项目、各区域、各岗位的责任人员、责任范围和考核标准等内容以强化安全责任制的落实。目前,常用的管理办法是逐级逐岗建立安全生产责任清单,层层签订安全目标责任书,以达到"尽职照单免责、失职照单问责"。公路工程施工企业应与所属各项目经理部签订安全生产责任书,公路工程项目建设单位应与参建的各单位签订安全生产责任书,如图2-4 所示。

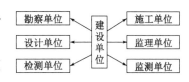

图 2-4 项目安全生产责任考核图

2.2 安全生产保障体系

2.2.1 安全生产管理制度

安全生产管理制度是为了控制风险,将危害降到最小,保障安全生产而制定的一系列的条文。安全生产管理制度不是多多益善,更不能拿来主义使用,是需要充分结合企业的经营管理方式和项目的实际情况量身定制的,主要依据现行的法律法规、规章制度和标准规范,详见附录2和附录3,其中附录2所注令号、文件号为最终修正发文号。

公路工程施工企业和项目参建单位应有针对性地制定安全生产管理制度。

(1)公路工程施工企业

公路工程施工企业为了更好地管理所属的人员、车辆、设备、生产活动,有效控制风险,应制定一系列的安全生产管理制度,主要包括但不限于以下制度:

①安全生产责任制管理制度;

②安全生产委员会制度;

③安全生产费用提取、使用和管理制度;

④安全生产例会制度;

⑤安全生产档案管理制度;

⑥安全生产教育与培训制度;

⑦安全检查管理制度;

⑧事故隐患排查治理办法;

⑨安全生产风险管控制度;

⑩重大危险源管理制度;

⑪危险性较大工程施工安全管理制度;

⑫特种作业人员管理制度;

⑬职业卫生管理制度;

⑭劳动防护用品管理制度;

⑮事故报告和调查处理制度;

⑯安全生产奖惩管理(暂行)办法;

⑰其他保障安全生产的制度。

(2)建设单位

建设单位为了统筹管理参建的勘察单位、设计单位、监理单位、施工单位及第三方服务机构,保证工程建设活动的有序开展,避免生产安全事故的发生,制定一系列的项目安全生产管理制度,主要包括但不限于以下制度:

①安全生产管理目标及考核制度;

②安全生产责任管理制度;

③安全生产会议制度;

④安全生产宣传教育及培训制度；

⑤安全生产费用管理制度；

⑥安全设施管理制度；

⑦安全生产检查制度；

⑧安全风险分级管控制度；

⑨安全隐患排查治理制度；

⑩重大风险源管理制度；

⑪"平安工地"考核评价制度；

⑫危险性较大工程安全管理制度；

⑬安全技术措施管理制度；

⑭重大（专项）安全技术方案编制、评审制度；

⑮危险化学品及火工品管理制度；

⑯安全生产事故统计报告和调查处理制度；

⑰安全事故责任追究制度；

⑱安全生产事故、隐患举报奖励制度；

⑲安全生产考核、奖罚制度；

⑳其他保障安全生产的制度。

（3）监理单位

监理单位主要对施工单位的作业活动进行监督管理，约束其不安全行为，应包括但不限于以下制度：

①安全生产会议制度；

②安全生产责任制及考核制度；

③安全生产教育培训制度；

④专项施工方案审查制度；

⑤安全生产检查评价制度；

⑥安全事故隐患督促整改制度；

⑦特种设备复核制度；

⑧安全生产专项费用审查制度；

⑨"平安工地"考核评价制度；

⑩生产安全应急管理制度；

⑪生产安全事故报告制度；

⑫其他保障安全生产的制度。

（4）施工单位

施工单位主要是在一线进行施工作业活动，对施工现场人员、设备设施、材料、环境进行安全管理，保障施工作业活动的实施，制定安全管理制度约束不安全行为，控制物的不安全状态，避免出现管理的缺陷导致事故的发生，应提前制定一系列的安全管理制度，包括但不限于以下制度：

①安全生产责任及考核管理制度；

②安全生产会议制度；

③安全生产费用管理制度；

④安全生产宣传教育及培训制度；

⑤安全隐患排查治理制度；

⑥安全风险分级管控制度；

⑦劳动防护用品使用管理制度；

⑧危险化学品及火工品管理制度；

⑨消防安全管理制度；

⑩施工现场动火管理制度；

⑪临时用电管理制度；

⑫施工便道交通安全管理制度；

⑬特种设备和特种作业人员管理制度；

⑭大型（特种）工程机械设备使用管理制度；

⑮分包企业、供货单位的安全管理制度；

⑯防汛管理制度；

⑰班组安全活动制度；

⑱安全生产技术交底制度；

⑲安全技术措施管理制度；

⑳重大（专项）安全技术方案编制制度；

㉑安全生产检查评价制度；

㉒"平安工地"考核评价制度；

㉓安全生产档案管理制度；

㉔重大危险源安全管理制度；

㉕生产安全事故应急救援管理制度；

㉖安全生产事故统计报告和调查处理制度；

㉗安全事故责任追究制度；

㉘安全生产考核、奖罚制度。

2.2.2 安全教育与培训

美国海因里希提出了事故致因理论，日本的北川彻三进一步修正海因里希的理论，提出另外一种事故因果连锁理论，如图2-5所示。事故的间接原因包括：技术原因、教育原因、身体原因和精神原因。事故的基本原因包括管理原因、学校教育原因、社会或历史原因。

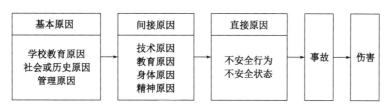

图2-5　北川彻三事故因果连锁模型

安全教育与培训是企业、项目做好安全生产工作的基础，是提高从业人员安全素质，防范伤亡事故，减轻职业危害的重要途径，因此企业和项目都要加强安全教育培训工作，尤其是针对人员流动较频繁的项目。

(1) 安全教育与培训的工作程序

为了避免出现安全教育培训工作流于形式，可参照图2-6开展安全教育与培训工作。首先，应结合企业生产经营的概况、建设工程的规模与特点、人员的组成、技术的成熟度、环境的要求及其政策要求等，编制安全培训需求调查表，收集安全教育与培训的需求。其次，在需求调查的基础上，编制安全培训计划，并纳入年度培训计划中，经审核、批准后实施。在培训后要及时对培训的效果进行考核评价，评判培训内容是否有针对性，是否能有效改善从业人员的安全意识，以便动态调整后期培训课程的内容。

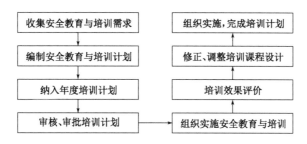

图2-6　安全教育与培训流程图

(2)安全教育培训的对象及内容

依据《中华人民共和国安全生产法》第二十八条~三十条,应对从业人员、被派遣劳动者、实习生、特种作业人员等进行安全教育培训。不同的组织部门、不同岗位的从业人员在生产活动过程中,承担的生产任务不一样,其所需具备的安全生产知识和安全防护技能也有所不同,可参见表2-1。

安全教育与培训主要内容表　　　　　表2-1

主要内容	企业负责人	项目负责人	安全生产管理人员	从业人员
1. 国家或行业安全生产工作的基本方针政策	★	☆	☆	△
2. 安全生产方面的法律法规、规章制度	★	★	☆	△
3. 安全生产方面的标准规范	△	☆	☆	★
4. 安全生产基本理论和管理方法	☆	★	★	△
5. 公路工程安全生产技术	△	★	☆	★
6. 公路工程安全生产组织管理或执行力	☆	★	★	△
7. 建立和执行安全生产管理制度	★	★	☆	△
8. 发现和消除安全事故隐患	△	☆	★	★
9. 报告和处置生产安全事故	△	☆	★	★

注:★表示需掌握,☆表示需熟悉,△表示需了解。

(3)安全教育培训的类型及学时

安全教育与培训包括全员安全教育与培训、三级安全教育、专项安全培训和班组安全教育等类型,可采用广告、演讲、会议讨论、竞赛、展览、文艺演出、多媒体安全教育工具箱等形式开展。针对农民工生产任务重、劳动强度大、专业知识基础薄弱的现状,可多采用现代声像式进行教育,如安全宣传广播、电影、电视、录像、网络等,将安全教育寓教于乐。

依据《生产经营单位安全培训规定》(2015年5月29日国家安全生产监管总局令第80号),结合公路工程行业安全教育的有关规定,首次培训和年度再教育学时应满足表2-2的要求。

安全教育与培训主要内容表　　　　　表2-2

类型	企业负责人(学时)	项目负责人(学时)	专职安全管理人员(学时)	一般管理人员(学时)	新上岗人员(学时)
首次培训	≥32	≥32	≥32	≥24	≥24
年度再教育	≥12	≥24	≥24	≥16	≥16

(4)特种作业人员的管理

提到特种作业,安全生产管理者常联想到特种设备,或提到特种设备联想到特种作业人员,但特种设备的操作人员不一定是特种作业。有些特种设备的操作人员需要持有相应的操作证才能上岗,特种作业人员也需要持证上岗。因此,特种设备操作者与特种作业人员相互独立又紧密联系。

《关于特种作业人员安全技术培训考核工作的意见》(安监管人字〔2002〕124号)规定:特种作业是指容易发生事故,对操作者本人、他人的安全健康及设备、设施的安全可能造成重大危害的作业。《特种作业人员安全技术培训考核管理规定》(国家安全生产监督管理总局令第30号)提出特种作业人员是直接从事特种作业的从业人员。

高速公路施工主要的特种作业人员有:电工作业(高压电工作业和低压电工作业)、焊接与热切割作业(熔化焊接与热切割作业)、高处作业。

高速公路工程项目应建立特种作业人员管理档案,主要安全管理内容包括备案登记、安全教育、专业培训等。

①备案登记。应记录持证人姓名、证件编号、取证时间、复核时间等关键信息,到期前3个月,组织特种作业人员到原考核发证机关办理复核或延期工作。

②安全教育。特种作业人员每年应参加不少于24学时的年度安全教育培训或继续教育,安全培训内容如岗位存在的危险有害因素、防范措施以及事故应急措施等。

③专业培训。对于首次取得资格证书的人,应接受与其所从事的特种作业相应的安全技术理论培训和实际操作培训;离岗6个月以上的特种作业人员,对其进行实际操作考试,经确认合格后方可上岗。

此外,项目与持证的特种作业人员签订劳动合同时,应注明岗位工作存在的危险有害因素。在工作过程中,为从业人员提供齐全、合格的安全防护用品和安全作业条件。

(5)创新型安全教育与培训

为使从业人员从根本上认识到作业安全对个人、对家庭、对社会的重要性,从自身情感、心理需要上提高主动安全意识,开展新型的安全教育培训。如项目上不定期开展亲属安全再教育,开办农民工夜校等。

亲属安全再教育主要是邀请从业人员家属深入施工一线共同进行教育,从情感需求上增强从业人员的责任感,提高"我要安全"的意愿;开办农民工夜校具有受益群体广、持续时间长、针对性强等优点,使从业人员业余生活得到充实,在社会需求上满足归属感。

施工项目开办农民工夜校,应安排专人定期对从业人员进行安全培训,提供教学用地,配备计算机、投影仪、黑板、桌椅等必要的教学设备,确保教学的有效实施。农民工夜校主要是完成进场施工基本技能、岗位安全操作技能、应急自救互救技能等内容的培训。

(6)安全教育与培训档案

公路工程施工企业应规范安全教育培训档案管理,企业和所属项目经理部均应建立《职工安全教育卡》,实行分级管理,企业安全管理部门负责保存和管理所属人员的《职工安全教育卡》,项目经理部负责保存和管理项目部和所属工区班组人员的《职工安全教育卡》。若从业人员的单位或岗位发生变动,由新单位进行保存和管理。

2.2.3 安全生产费用管理

安全生产费用是指企业按照规定标准提取并在成本中列支专门用于完善和改善企业安全或者项目安全生产条件的资金。公路工程施工企业以建筑安装工程造价为计提依据,比例为1.5%,提取的安全生产费用列入工程造价,用于保障从业人员作业环境和生活环境,减少和防止安全生产事故发生。

(1)安全生产费用使用范围

公路工程施工企业应对所属项目安全生产费用使用过程进行管理,项目应依据《企业安全生产费用提取和使用管理办法》的规定使用安全生产费用,使用范围及类目可参考表2-3。

安全生产费用使用范围表   表2-3

序号	项目	类目
1	完善、改造和维护安全防护设施设备	安全标志、警示灯具、防护栏杆、防护围栏、围挡、安全防护网、安全通道、逃生管道、有毒有害气体监测仪器、民爆物品现场存储安全装备、临时用电安全保护设施等
2	配备、维护、保养应急救援器材、设备支出和应急演练	消防器材设备、应急救援器材、应急物资、应急演练等
3	开展重大危险源和事故隐患评估、监控和整改	桥梁、隧道、路堑高边坡施工风险评估、重大危险源监控设施设备、重大事故隐患评估、监控、整改等
4	安全生产检查、咨询、评价和标准化建设	安全生产检查、安全生产专项施工方案评估、安全生产技术咨询、安全生产标准化建设等
5	配备和更新现场作业人员安全防护用品支出	安全帽、安全绳、安全带、手套、绝缘手套、绝缘鞋、雨鞋、劳保工作服、口罩、防毒面具、防护镜等安全防护用品的配备与更新
6	安全生产宣传、教育、培训	安全生产书籍、刊物、影像资料、条幅等安全生产宣传,安全知识教育培训和安全生产技能培训等
7	安全生产适用的新技术、新装备、新工艺、新标准的推广应用	为提升安全生产保障能力、提高安全生产管理水平,推广应用新技术、新标准、新工艺、新设备等
8	安全设施及特种设备检测检验	龙门吊、施工电梯、压力锅炉等特种设备检测检验,避雷针、限位器、气压计等安全设施检测检验
9	其他与安全生产直接相关活动	"平安工地"建设、安全生产标准化达标考核等

安全生产费用的发生与生产活动紧密相关,很多环节易混淆、难以区分。安全生产费用应是为生产安全而发生的费用,但不得用于生产、生活活动以及管理所发生费用,如人员工资、为正常生产所购置的固定资产、事故赔偿、购买保险、体检等方面。

(2)安全生产费用管理

安全生产费用按照"企业提取、政府监管、确保需要、规范使用"的原则进行管理,严格管理安全生产费用提取和使用的各环节,如图2-7所示。

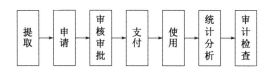

图2-7 安全生产费用管理流程图

对于公路工程建设施工项目,施工单位按照规定规范使用安全生产费用,建设单位、监理单位均对安全生产费用的使用情况进行监督管理。

为了确保安全生产费用专款专用,充分用于改善安全生产条件,应结合工程项目建设规模、工艺流程、施工组织设计、工期等概况,编制安全生产费用使用计划,明确使用的项目、类别、额度、期限等内容。在项目实施过程参照图2-8所示的程序进行管理。

图2-8 项目安全生产费用管理流程图

实行工程总承包的项目,总承包单位依法将工程分包给其他单位的,总包单位应将安全费用按比例直接支付分包单位并监督使用,分包单位不再重复提取。分包合同中应明确安全责任、安全措施、费用支付等条款,总承包单位不得截留、挪用、拖欠分包单位的安全生产费用。

监理单位审核安全生产费用的使用情况应以现场实物核查和基础管理考核为依据;建设单位对经监理单位签字确认的安全生产费用计量支付表进行审批,与当月工程款同时支付给施工单位。

监理单位在审核施工项目安全生产条件、审查施工组织设计中安全措施和专项施工方案时,发现存在安全事故隐患的,应当要求施工单位整改;情节严重的,应当下达工程暂停令,并及时报告建设单位。施工单位拒不整改或者不停止施工的,监理单位应当及时向有关主管部门书面报告,并有权拒绝计量支付审核。

(3)安全生产费用使用的注意事项

安全生产费用的多少与工程项目建筑安装工程造价成正比,而公路工程施工前期的危险性大、难度大,设备进场困难,投入多,安全生产费用计量与支付应与生产安全实际投入紧密联系,不建议以完成的工程量为唯一计量依据。

生产安全事故应急演练需要参建单位参与,必要时还要邀请地方医疗、消防等外部单位参与。演练过程要投入大量的人员、设备设施,其中参演人员的费用、机械设备的使用费、外部单位的费用难以定量计量,可结合应急演练规模大小,以"次"为单位进行计量。

安全生产工作强调事前预防,对于因违反安全生产法律法规、安全生产技术规程和安全生产管理的相关规定而发生起火、爆炸、中毒、坍塌等事故所发生的救援、整改及善后处理等费用和安全生产违规行为处罚罚款等事后弥补所发生的费用不可从安全生产费用中列支。

高边坡、高路堤的稳定观测、现浇桥梁施工监控、隧道施工监控量测、超前地质预报和"第三方"检测和安全生产适用的新技术、新标准、新工艺、新装备的研究、开发等前期费用均不可从安全生产费用中列支。

2.2.4 安全检查管理

安全检查是对贯彻安全生产法律法规的情况、安全生产状况、劳动条件、事故隐患等所进行的检查,是促进安全生产的有效措施。

(1)安全检查的分类

从安全的主动性与被动性角度出发,安全检查可以分为自检与他检。从安全检查的全面性与专业性角度,可分为日常安全检查和专项安全检查。按检查的周期,可分为日检、周检、月检、季检和年度检查等。按照施工过程,分为开工安全生产条件检查、施工安全检查、停工安全检查、复工安全检查等。按照检查对象的不同,分为作业行为安全检查、设备设施安全检查、作业环境安全检查等。

(2)安全检查的人员及职责

安全和生产是一个有机的整体,两者不可分割,做好安全生产工作,必须坚持"管行业必须管安全,管生产经营必须管安全""一岗双责"的原则,才能达到生产安全、高效的目标。因此,各岗位的人员均要有自我安全检查的义务与责任。

为了对生产活动中的安全状况进行监督管理,安全生产管理人员要不定期进行安全检查,是岗位之外落实安全检查工作的主要人员。安全生产管理人员对检查中发现的安全问题,应当立即处理;不能处理的,应当及时报告本单位有关负责人,有关负责人应当及时处理,并将检查及处理情况如实记录在案。

(3)安全检查的程序

传统的安全检查主要是靠经验来判断,常用的方法为安全检查表法。但安全检查应讲科学、讲效果,采用定性与定量相结合的方法,按照一定的程序开展工作,见图2-9。

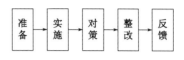

图2-9 安全检查工作程序图

准备:依据"安全生产检查管理制度",制定安全检查计划,确定安全检查人员、时间、检查内容,明确检查标准和要求。

实施:按照安全检查计划,通过访谈、查阅、观察、检测等方式开展安全检查工作,并对检查情况进行综合分析、判断,得出检查结论。

对策:对安全生产工作绩效突出的行为、方式等予以表扬与推广,对发现的隐患应下达整改通知书,责令限期改正。

整改:对于一般隐患应立即整改;对于重大事故隐患,应制定整改技术措施,必要时制定整改计划,分阶段分步骤治理重大隐患,避免造成事故。

反馈:整改治理后,应将相关情况反馈回安全生产管理部门,形成闭环管理。

(4)安全检查的方式

安全检查的方式多种多样,应根据检查对象与生产活动的特点,采取正确的方式进行安全检查,常用的方式有:"问""看""量""测"等。对基础管理的检查,可采取询问相关岗位人员工作开展情况和查阅资料相结合的方式;对施工现场的检查可通过查看人员作业情况、机械设备运转情况、现场标志设置情况、现场安全防护情况等,实地量测安全防护栏杆的高度、脚手架各杆件的间距和检测有毒有害气体的浓度等。

(5)安全检查的内容

安全检查涉及生产活动的方方面面,为避免实施中出现无从下手、走过场的现象,应明确安全检查内容,可参考图2-10。

图2-10 安全检查的内容

在检查过程中,可列出安全检查项目,逐项进行检查,如特种设备设施安全检查,可从检验、操作人员持证情况、维修保养、防护装置配备等方面进行检查。安全管理人员可参考《公路水运工程施工安全标准化指南》《公路水运工程平安工地建设考核评价指导性标准》《公路工程施工安全检查评价规程》（DB14/T 666—2016）等标准规范开展安全检查工作。

在很多情况下，公路工程施工企业或项目同时开展安全检查和隐患排查工作，可避免部分重复性的工作，但安全检查与隐患排查是两项不同的工作，不可混为一体，其关系如图2-11所示。

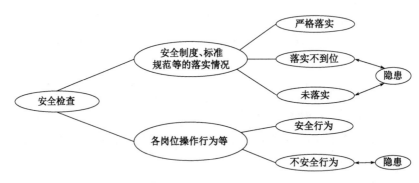

图2-11　安全检查与隐患排查工作的关系图

2.3　双重预防体系

风险管理和隐患管理是安全生产管理中最常采用的方式，构建安全风险分级管控和隐患排查治理双重预防机制，是遏制重特大事故的重要举措。2016年，国务院安委办先后印发了《关于印发标本兼治遏制重特大事故工作指南的通知》（安委办〔2016〕3号）和《关于实施遏制重特大事故工作指南构建双重预防机制的意见》（安委办〔2016〕11号），在全国各行业推行双重预防体系的建设工作。

为进一步强化公路水运工程双重预防机制的建设，交通运输部安监司印发了《公路水路行业安全生产风险管理暂行办法》《公路水路行业安全生产隐患治理暂行办法》，明确了此项工作的责任分工及相关程序。

2.3.1　风险管理

（1）基本定义

在不同的行业，风险有不同的定义。在安全生产领域，风险主要是考虑其可能造成的损失，将"风险"定义为在特定条件下，某一危害事件发生的概率及危害后果的组合。

"风险因素""风险事件"和"风险损失"等专业术语与风险管理密切相关。风险因素是指能够增加或引起风险事故发生的频率和大小的因素,根据其性质,通常风险因素可分为实质性风险因素、道德风险因素、心理风险因素等。风险事件是指直接造成损失或损害的风险条件,它是酿成事故和损失的直接原因和条件。风险损失可分为直接损失和间接损失。

风险因素、风险事件、风险损失与风险之间的关系见图2-12。

图2-12　风险因素、风险事件、风险损失与风险之间的关系

(2)风险管理的程序及工作内容

由"风险"的基本定义可知,风险是一种设想的行为或状态,具有普遍性、常态性。要"未雨绸缪"做好公路施工安全生产工作,应科学地运用风险管理方案。公路工程施工安全风险管理一般按以下程序开展,见图2-13。

图2-13　施工安全风险管理程序图

前期策划工作:综合考虑施工项目的位置、工程量、施工期限、机械设备配备情况、施工人员以及应急条件等基本情况,成立工作组,明确任务分工,确立工作目标。

划分辨控单元:基于公路工程项目面广、点多的特点划分风险辨控单元。在项目开工前以路段为单元,在项目开工初期以工点为单元,在项目施工中后期以施工工艺流程或作业工序为单元。

风险辨识与分析:确定风险辨控单元后,以人、设备设施、环境和管理为对象进行风险辨识。辨识人的不安全行为、不安全心理,设备设施的不安全状态,环境的不利状态和管理的缺陷等风险因素,分析每一项风险因素产生或出现的条件与原因,预判其可能引起的事故和造成的伤害。

风险辨识与分析工作是风险管理工作的基础,通常可采用现场走访、察看、座谈和问卷调查等方式开展,此项工作成果的准确性与工作人员的工作经验、认知能力等有很大的关系。

风险评价:风险评价包括定性评价和定量评价,可采用定性与定量相结合的方式进行风险评价。常用的风险评价方法有作业危险分析法(OHA)、初步危险分析法(PHA)、故障类型及其影响分析法(FMEA)、事故树分析法(FTA)、事件树分析法(ETA)、关键任务分析法(CTA)等。

风险控制：以"消除-预防-减弱-隔离-连锁-警告"为风险控制的基本原则,制定工程技术措施和安全管理措施控制风险,可参见图2-14。

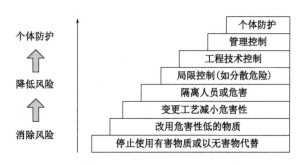

图2-14　施工安全风险控制措施图

(3)桥梁、隧道、路堑高边坡施工风险评估

对于桥梁、隧道、路堑高边坡等施工危险性高的项目,可依据《公路桥梁和隧道工程施工安全风险评估指南(试行)》《高速公路路堑高边坡工程施工安全风险评估指南(试行)》开展施工总体风险评估和专项风险评估工作。施工风险评估必须结合项目的实际情况,建立适用具体工程的评估指标体系,评估结论能够客观、准确地反映施工风险,能够有效指导生产工作,达到风险防范的目的。

2.3.2　隐患排查治理

隐患,顾名思义隐藏的祸患。隐患排查与治理是生产经营活动中永恒的话题。《安全生产事故隐患排查治理暂行规定》(国家安监总局令2007年第16号)对事故隐患的定义为："生产经营单位违反安全生产法律、法规、规章、标准、规程和安全生产管理制度的规定,或者因其他因素在生产经营活动中存在可能导致事故发生的物的危险状态、人的不安全行为和管理上的缺陷"。该定义最能反映事故隐患的本质,更准确地定位了隐患排查治理工作的重要作用。

(1)事故隐患的特性

由事故隐患的定义可知,隐患具有隐蔽性、潜伏性、普遍性、危害性。

隐蔽性：某一生产环节或设施演化为薄弱环节时,暂不会构成危害,亦不易察觉,一旦构成危害则转化为事故。

潜伏性：从时间上具有一定的潜伏期,在一定的时间、范围及条件下,显现出静止、不变的状态,一时感觉不出它的存在。

普遍性:生产过程中,无论是高价值的设备或构筑物,还是附属设备,均可能存在隐患。

危害性:隐患一旦触发成事故,就可能造成重大危害。

(2)事故隐患的分类与分级

按照公路工程施工的特点,事故隐患分为基础管理和现场作业两大类,可根据施工期进行细化。基础管理类的事故隐患主要是指安全管理的缺陷,详见表2-4;现场作业类的事故隐患主要是指违反劳动作业规程的不安全行为和不安全状态等,详见表2-5。

基础管理类事故隐患类目表　　　　表2-4

序号	施工阶段	事故隐患类别	细目
1	开工前	安全生产条件	施工资质范围和安全生产许可
			安全生产管理机构及人员
			安全生产管理制度
			施工组织设计
			临时用电方案
			相关方安全协议
2	施工中	安全生产制度管理	安全生产管理制度制定、落实情况
			安全操作规程制定、落实情况
			安全教育与培训
			安全生产投入
			设备设施(特种设备、安全设施)
			劳动防护用品
			安全检查
			风险管理
			消防安全
			用电安全
			隐患排查治理
		安全生产技术管理	专项施工方案
			安全技术交底
			风险评估
			风险监测、监控
		应急管理	应急预案
			应急演练(计划、方案)
			应急物资
			应急队伍
3	交竣工阶段	档案管理	记录、台账等

现场作业类事故隐患类目表　　　　　表 2-5

序号	施工阶段	事故隐患类别	细目
1	开工前	—	沿线勘查现场
2	施工中	从业人员	持证上岗
			作业人员防护
			作业人员行为
		机械设备	检测检验情况（含特种设备）
			维修保养情况
			停放情况
			防灭火措施
		临时设施	选址位置
			排水设施
			防风措施
			防雷措施
			用电安全措施
			应急通道
		人车通道	便道便桥
			上下通道
			照明设施
			警示灯具
		作业过程	临边临崖防护
			孔、洞口防护
			监控监测措施
			安全标志
		作业环境	照明措施
			防风、防雨、防雪、防冻措施
			高温措施
			防雷措施
		应急管理	应急演练
			应急设施
			事故报告
			应急处置

续上表

序号	施工阶段	事故隐患类别	细目
3	交工阶段	交通安全管理	通行车辆管理
		档案管理	记录、台账等
4	竣工阶段	施工作业	参照施工阶段

目前,常用的隐患分级方法是以改正、治理和排除的难度及其影响范围为标准,分为一般事故隐患和重大事故隐患。一般事故隐患是指危害和整改难度较小,发现后能够立即整改排除的隐患。重大事故隐患是指危害和整改难度较大,应当全部或者局部停产停业,并经过一定时间整改治理方能排除的隐患,或者因外部因素影响致使生产经营单位自身难以排除的隐患。

隐患也可依据管理的难度与层级进行分级,可分为一级、二级、三级 3 个级别,一级最低,三级最高。一级隐患由班组进行管理,二级隐患由项目部研究、协调解决,三级隐患由建设单位组织专家研究、协调解决。

此外,还可以定量风险评价的结果来判定隐患级别。

(3)事故隐患排查

隐患排查是企业组织安全生产管理人员、工程技术人员、岗位员工以及其他相关人员依据国家法律法规、标准和企业管理制度对本单位的事故隐患进行排查,按照隐患的等级进行登记,建立隐患信息档案的工作过程。通常的做法是查阅安全管理制度及其相关的记录,对其合法性、合规性进行复查。

事故隐患排查最大的难点是确定隐患排查标准。主要有两种方法:一是根据法律法规标准要求,按照场所、区域、部位分别编制隐患排查内容,如高处作业隐患排查标准见表 2-6;二是将风险分级管控中的"管控措施"变成清单中"隐患排查标准"。

高处作业隐患排查标准例表　　　　　　　　表 2-6

排查内容		排查标准	责任人	排查人
高处作业	人员防护	正确佩戴安全带、安全帽、安全网、防滑鞋等安全防护装备		
	安全通道	1. 钢直梯攀登高度不宜大于 8m,踏棍间距宜为 0.3m,梯宽宜为 0.6~1.1m 2. 高度大于 2m 时,应设置护笼,护笼间距宜为 0.5m,直径宜为 0.75m,并设纵向连接 3. 高度大于 8m 时,应设梯间平台,并分段设梯 4. 高度大于 15m 时,应每 5m 设置一个梯间平台,平台应设置防护栏杆		

续上表

排查内容		排查标准	责任人	排查人
高处作业	作业平台	1. 作业平台的脚手板必须铺平绑牢，严禁出现探头板 2. 脚手架的刚度、强度和稳定性应能承受施工可能产生的各项荷载		
	临边防护	设置安全防护栏杆： 1. 防护栏杆应能承受100kg的可变荷载 2. 防护栏杆下方有人员及车辆通行或作业的，应挂密目安全网，防护栏杆下部应设置高度不小于0.18m的挡脚板 3. 防护栏杆应由上、下两道横杆组成，上杆离地高度应为1.2m，下杆离地高度应为0.6m 4. 横杆长度大于2m时，应加设栏杆柱		

（4）事故隐患治理

隐患治理是消除或控制隐患的活动或过程。包括对排查出的事故隐患按照职责分工明确整改责任，制定整改计划、落实整改资金、实施监控治理的复查验收的全过程。

公路工程事故隐患治理的措施大致有两大类：一类是工程技术措施，如直接安全技术措施、间接安全技术措施和指示性安全技术措施，需综合考虑经济投入、实施难度、可达到的效果和安全目标效益等诸多因素，达到消除、预防、减弱、隔离、连锁控制、警示告知隐患的目的，治理隐患的措施可参见表2-7。另一类是安全管理措施，此类治理措施是最基本的方式，是使用最为广泛的措施。

隐患治理工程措施表　　　　表2-7

序号	隐患治理目标	原理	实施示例
1	消除	应用本质安全的原理，尽可能从根本上消除危险、有害因素，如自动化机械作业替代人工作业	钢筋数控自动加工设备、隧道施工自行式移动栈桥、机器人焊接钢筋等
2	预防	应用预防为主的原理，采用预防性技术措施，预防危险、有害因素的发生	临时用电采用电压，沥青拌合站设备采用安全阀等
3	减弱	采取措施减少危险、有害因素	减振装置、消声装置等
4	隔离	将人员与危险、有害因素隔离，避免伤亡事故的发生	防护屏、保持安全距离、防毒面具等
5	连锁控制	采用系统安全的原理，通过连锁装置终止危险、有害因素的发生	压路机碰触自动制动系统
6	警示告知	应用人本原理，告知从业人员危险、有害因素，实现从业人员自我安全	安全色、安全标志、声光报警装置等

在公路工程施工生产活动中,可单独采用一种隐患治理措施,也可同时采用多种治理措施,达到避免事故的发生、减少生产安全事故损失或降低事故伤害程度的安全生产目标。此外,应结合隐患整改的治理难度确定治理时限和责任人,确保隐患治理落在实处,并安排专人对隐患治理的效果进行查看验收。

2.3.3 风险与隐患的区别

在前两个小节中对风险和隐患分别进行了论述,但在实际工作中,这两个概念经常混淆,难以区别,给安全生产管理人员带来了一定的困惑。图2-15形象地呈现了这两个概念的关系。风险性是事物的基本属性之一,任何事物均具有风险,安全措施到位时,风险依然是存在的;当安全措施不到位或没有安全防护措施时,风险即暴露转化为隐患,进而引起安全事故。在实际工作中,准确地把握、查找安全措施的落实情况需要从业人员具备较强的综合专业知识与技能,因此,需要工程技术人员与安全管理人员联合作业,才能更好地防范风险。

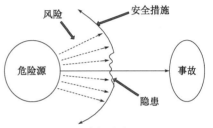

图2-15 风险与隐患的关系图

从本质上讲,风险具有普遍性,不具有针对性,是一种假设、假想的状态或现象;而隐患是具有特定性的,隐藏或体现在具体的人、物或环境中,是真实存在的状态。从生产安全管理的角度讲,风险管理是一种预防事故的发生的基本原则,是一种管理理念。隐患排查治理是一种工作方法。

2.4 设备设施管理

高速公路工程施工设备设施主要有特种设备、专用设备和小型机具等类型,不同类型设备的操作难易程度、维护频率、危险性等均不一样,安全管理的内容、方法及目标也不同。

2.4.1 特种设备

特种设备是涉及生产安全、危险性较大的锅炉、压力容器(含气瓶)、压力管道、电梯、起重机械和场(厂)内专用机动车辆等。黄土地区,高速公路施工常用的特种设备见表2-8,其中起重设备是管理的重点与难点,尤其是架桥机。

高速公路施工常用特种设备表　　　　　　表2-8

序号	种　类	品　种
1	锅炉	生活用锅炉
2	压力容器	氧气气瓶、乙炔气瓶、空压机储气罐等
3	电梯	高墩桥梁施工所用电梯
4	起重机械	门式起重机(龙门吊)、塔式起重机(塔吊)、缆索起重机、流动式起重机、升降机、架桥机、装卸桥
5	场(厂)内专用机动车辆	叉车

特种设备的管理包括购置(租赁)、安装、使用、报废等环节。

(1)购置(租赁)

特种设备一般作为固定资产进行管理,购置的特种设备应当符合安全技术规范及相关标准的要求,其设计文件、产品质量合格证明、安装及使用维护保养说明、监督检验证明等相关技术资料和文件应当齐全。

有些特种设备购置费高、运转难度大,而高速公路施工流动性大,因此,租赁特种设备是在建项目通用的生产方式。生产项目不得租赁国家明令淘汰或已经报废的特种设备,以及不符合国家规定的安全技术标准的设备,不得承租使用个体出租的特种设备。此外,在租赁期,特种设备的使用管理和维护保养义务仍由特种设备出租单位承担。

(2)安装

特种设备安装单位必须取得省级以上建设行政主管部门颁发的专业承包资质证书,并在资质许可范围内从事特种设备安装业务。

特种设备的安装应委托专业机构专业人员,委托安装工作的不论是特种特备的承租方还是出租方,项目承建单位均应与安装单位签订安全生产合同,明确双方或多方协调作业的安全生产工作职责。

特种设备安装前,安装单位应编制专项施工方案,落实现场安全防护措施,并由专业技术人员负责现场指挥、监督。特种设备安装后,安装单位应自检并出具自检合格证明。

特种设备投入使用前,安装单位应指派安装技术人员向特种设备操作人员进行安全技术交底,并将下列工程资料及时移交使用单位:专项施工方案、安全技术措施、安装验收资料。

(3)使用

特种设备进入施工现场后,应有进场记录,在使用过程中应建立特种设备安全技术档案,应"一机一档"。安全技术档案应包括以下内容：

①原始资料:包括购销合同、制造许可证、产品合格证、安装和使用说明书、检验检测报告等文件；

②运行资料:定期检验和定期自行检查的记录、日常维护保养、修理和改造记录、运行故障和事故记录、运行时间记录等；

③安装验收资料；

④其他资料。

特种设备投入使用前或验收合格之日起30日内,出租(使用)单位应向属地县级以上行政主管单位办理注册登记或备案登记手续。

在使用过程中,应建立或健全特种安全检查管理制度、特种设备定期保养与维护制度、安全操作规程、故障应急处置方案等特种设备安全管理制度。

在使用过程中,需要对特种设备进行移位、顶升、附着的,应委托原安装单位或具有相应资质的安装单位按照专项施工方案实施,重新验收合格后方可投入使用,且任何人均不得更换重要设备构件和更改电气控制线路。

特种设备发生严重故障或其他严重异常情况,故障消除后重新投入使用时,应组织有关单位对特种设备检查验收,并向属地特种设备检测检验机构提出检测检验申请,合格后方可投入使用。

(4)报废

特种设备存在严重事故隐患,无改造、维修价值,或超过安全技术规范规定使用年限时,应及时予以报废。

特种设备使用单位负责报废工作,特种设备所有单位应当自报废处理之日起30日内到原注册登记的特种设备安全监督管理部门办理注销登记。气瓶的报废处理由出具不合格检验检测结果或者鉴定结论的检验检测机构负责。

2.4.2 专用设备

专用设备是指专门针对某一种或一类对象,实现一项或几项功能的设备,具有针对性、特殊性或唯一性。高速公路工程常用的专用设备有自升式爬模系统、滑模系统、翻模系统、挂篮及移动模架等。

为了施工安全,专用设备的安全管理关键点如下：

(1)专用设备的设计与加工应委托有资质的单位,充分结合桥梁、隧道等结构物的设计方案。

(2)专用设备投入使用前应进行全面的检查,做相关的试验检测,合格后方可使用,如挂篮施工,应做静载试验。

(3)采用专用设备施工时,应编制专项安全技术方案和应急处置方案,经专家论证后再实施。

(4)在使用过程中,应加强观察、记录关键技术参数,发现异常时及时检查,有重大事故隐患,应停止施工。

2.4.3 常用设备

高速公路施工工程量大,除了应用大量的特种设备和专用设备,还采用众多的常规设备,常用设备见表2-9。

高速公路施工常用设备表　　　　　　　表2-9

序号	单项工程	常用设备明细
1	路基工程	平地机、推土机、挖掘机、装载机、洒水车、挖掘机、自卸车、压路机、振动打拔桩机、强(重)夯机、砂浆拌合机等
2	路面工程	沥青路面:摊铺机、压路机、沥青洒布机等 水泥混凝土路面:抹光机、切缝机、压纹机等
3	桥梁工程	卷扬机、钻桩机、冲孔桩机、泥浆泵、预应力张拉压浆设备、柴油发电机、电焊机、混凝土输送泵、混凝土搅拌车、抹光机、切缝机、压纹机
4	隧道工程	凿岩机、装载机、挖掘机、注浆机、喷射混凝土喷浆机、轴流通风机、发电机、自卸车
5	交安工程	专用振动打桩机、混凝土拌合机、发电机、运输车、手推式划线机等

常用设备安全管理的关键点如下:

(1)制定安全操作规程,并按章作业;

(2)多台或多种机械设备同时作业,设置专人指挥或管理;

(3)设备车辆配备消防灭火器,做好消防安全管理;

(4)夜间作业,应制定相应的施工方案或安全措施;

(5)临时用电安全管理,可参见4.3。

2.4.4 小型机具

小型机具在施工中也发挥了重大的作用,替代了人工作业,但机械伤害事故也时有发生。在公路工程施工中,施工现场和场站中均有大量小型机具作业,尤其是预制场和钢筋加工厂,小型机具见表2-10。

常用小型机具表　　　　　　　　　　　　　表 2-10

序号	类　型	明　细
1	焊割机具	电焊机、切割机
2	钢筋类及木工机具	钢筋切断机、钢筋调直机、钢筋弯曲机、圆盘锯
3	混凝土机械	混凝土搅拌机、灰浆搅拌机、混凝土输入泵、切缝机、锯缝机、卷扬机、混凝土振捣器、凿毛机

小型机具的操作使用主要是预防触电、机械伤害、物体打击等类型的事故,安全管理的关键点如下:

(1)机具外壳有符合安全要求的接地保护;

(2)皮带、齿轮等传动、旋转部位设防护罩;

(3)必要时,设置挡板进行隔离作业;

(4)按操作规程作业,作业后及时切断电源,并及时归位。

2.5 应急管理体系

应急管理是指政府及其他公共机构在突发事件的事前预防、事发应对、事中处置和善后恢复过程中,通过建立必要的应对机制,采取一系列必要措施,应用科学、技术、规划与管理等手段,保障公众生命、健康和财产安全,促进社会和谐健康发展的有关活动。因此,应急管理主要是针对突发事件而开展的活动。

《中华人民共和国突发事件应对法》明确"突发事件"是指突然发生,造成或可能造成严重危害,需要采取应急措施予以应对的自然灾害、事故灾难、公共卫生事件和社会安全事件。公路工程施工生产中,最为普遍的突发事件即为生产安全事故,属于事故灾难,是施工企业或项目应急管理的重点。

2.5.1 应急预案

应急预案是针对可能发生的事故,为最大程度减少事故损害而预先制定的应急准备工作方案。制定应急预案是应急管理工作中的重要部分,应急预案的可操作性对事故应急救援工作有重要影响。

《中华人民共和国安全生产法》第八十一条规定:"生产经营单位应当制定本单位生产安全事故应急救援预案,与所在地县级以上地方人民政府组织制定的生产安全事故应急救援预案相衔接,并定期组织演练"。因此,公路工程施工企业或项目公司应制定生产安全事故应急预案。

《公路水运工程安全生产监督管理办法》第二十五条规定:"建设、施工等单位应当针对工程项目特点和风险评估情况分别制定项目综合应急预案、合同段施工专项应急预案和现场处置方案……"。该条款明确了不同参建单位应制定不同的应急预案,并不是需要制定所有类型的应急预案。

(1)应急预案管理程序

生产安全事故的发生具有偶然性和损失性。偶然性导致施工企业或项目存在侥幸心理,如果不发生事故应急预案就不会应用,不愿投入人力、财力、物力做好事前准备,所以将应急预案作为应付检查的一种资料;损失性又使施工企业或项目产生畏惧心理,被动地去制定应急预案。事故的这两个性质是矛盾的,也是开展应急管理工作的绊脚石,但从业单位应从根本上认识到应急管理工作的重要性,预防事故发生,做好应急预案管理工作是做好应急管理工作的第一步。

依据《生产安全事故应急预案管理办法》(中华人民共和国应急管理部令第2号),对于公路工程施工企业或项目,生产安全事故应急预案的管理程序主要包括编制、评审、公布、备案、实施等程序。

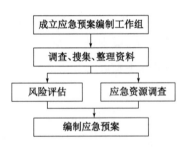

图2-16 应急预案编制程序图

①编制

公路工程施工企业或项目应结合工程项目的实际情况,依据《生产安全事故应急条例》(中华人民共和国国务院令第708号)和《生产经营单位生产安全事故应急预案编制导则》(GB/T 29639—2020)等法规和标准规范开展应急预案编制工作,详细编制程序可参见图2-16。

②评审

应急预案编制完成后,施工企业或项目应在广泛征求意见的基础上,依据《生产经营单位生产安全事故应急预案评估指南》(AQ/T 9011—2019)和《生产经营单位生产安全事故应急预案编制导则》(GB/T 29639—2020)开展相关评审工作。从评审的主体角度讲,应急预案评审分为内部自我评审和外部专家评审;内部自我评审由生产经营单位主要负责人组织有关部门和人员进行,外部专家评审由生产经营单位组织邀请外部有关行业专家和涉及单位进行评审。从评审的对象角度讲,应急预案评审分为形式评审和要素评审;形式评审主要是对应急预案的层次结构、内容格式、语言文字、附件项目以及编制程序等内容进行审查,重点审查应急预案的规范性和编制程序,要素评审主要从合法性、完整性、针对性、实用性、科学性、操作性和衔接性等方面对应急预案进行评审。

公路工程施工企业或项目应认真分析研究评审意见,按照评审意见对应急预案进行修订和完善。评审意见要求重新组织评审的,应组织有关部门对应急预案重新进行评审。

③公布

应急预案经评审或论证后符合要求的,由主要负责人签发,并注明签发日期、实施日期及版本号等关键内容。

④备案

公路工程施工企业或项目应将签发的应急预案向负有安全生产监督管理职责的部门备案,备案部门以属地为主。

⑤实施

公路工程施工企业或项目应采取多种形式开展应急预案的宣传教育,组织本企业或项目的应急预案、应急知识、自救互救和避险逃生技能的培训,使有关人员了解应急预案内容,熟悉应急职责、应急处置程序和措施。

(2)应急预案主要内容

应急预案包括综合应急预案、专项应急预案和现场处置方案三种类型,其关系如图 2-17 所示。

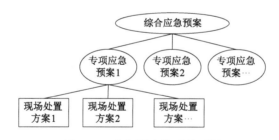

图 2-17 应急预案体系关系图

①综合应急预案

综合应急预案是应急预案体系的总纲,是应对各种生产安全事故而制定的综合性工作方案。公路工程综合应急预案包括项目综合应急预案和施工合同段综合应急预案。

项目综合应急预案由建设单位根据项目特点,在对项目进行安全风险评估的基础上制订;施工合同段综合应急预案由施工单位根据施工合同段工程特点和施工组织设计,在对施工工序进行安全风险评估的基础上制订。项目综合应急预案由建设单位技术负责人组织编写,报其上级主管单位备案。施工合同段综合应急预案由施工单位技术负责人组织编写,驻地监理工程师审核,总监理工程师审批,报建设单位备案。

项目综合应急预案的编制应在充分掌握工程总体概况、危险性较大分部分项工程的基础上,确定应急预案编制的适用范围,明确实施应急预案的组织机构及其职责分工、应急响应(信息报告、预警、响应启动、应急处置、应急支援、响应终止)、后期处置措施及应急保障等内容,并在附件中说明综合应急预案和合同段应急预案、属地人民政府应急预案的联动方式。

施工合同段项目负责人应视合同段工程项目的规模、施工难度和施工周期等因素综合决策是否需要编制合同段综合应急预案,如合同段路线长、结构物种类多、施工工艺复杂、施工队伍长等,宜编制综合应急预案。合同段综合应急预案实施原则和响应程序应与项目综合应急预案相对应,且与所属公司的应急预案相呼应,其关系如图2-18所示。

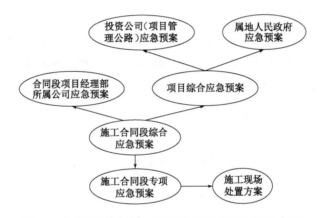

图 2-18　合同段综合应急预案与其他应急预案的关系

施工合同段综合应急预案应在掌握合同段工程概况、危险性较大分部分项工程的基础上,深入分析危险性较大分部分项工程危险源和预防措施,结合施工组织设计,确定应急预案编制的依据、目标、工作原则和应急预案体系,明确实施合同段应急预案的组织机构及其职责分工、应急响应程序及对应的措施,并说明与专项应急预案、项目应急预案的联动方式。

②专项应急预案

专项应急预案是为应对某一类型或者多种类型生产安全事故,或者针对重要生产设施、重大危险源、重大活动防止生产安全事故而制定的专项工作方案,一般由施工单位技术负责人组织编写,驻地监理工程师审核,总监理工程师审批,报建设单位备案。

专项应急预案应在分析事故风险的基础上,确定应对某类事故的应急组织机构及职责,明确响应的应急响应启动程序和处置措施,处置措施中包含应急指挥、资源调配、应急救援、扩大应急等关键内容。

公路工程施工专项应急预案一般包括但不限于以下内容:

a.隧道施工专项安全应急预案;

b. 跨线(铁路、公路)交通管制专项施工应急预案;

c. 大型临时工程(围堰工程、模板工程、挂篮、便桥、临时码头、水上作业、支架、脚手架工程、高空作业平台)专项施工应急预案;

d. 桥涵工程施工专项应急预案;

e. 起重吊装工程专项施工应急预案;

f. 拆除、爆破工程专项施工应急预案;

g. 基坑开挖、支护、降水工程专项施工应急预案;

h. 滑坡处理和填挖方工程专项施工应急预案;

i. 基础工程专项施工应急预案。

黄土地区公路工程施工,预防边坡滑坡、坍塌、深基坑失稳,隧道坍塌等事故的发生是重要的专项应急预案。

③现场处置方案

现场处置方案是合同段施工现场根据不同生产安全事故类型,针对具体场所、装置或者设施所制定的应急处置措施,主要包括事故风险描述、应急工作职责、应急处置程序、现场处置措施及注意事项等内容。由施工单位技术负责人组织编写,驻地监理工程师审核,总监理工程师审批。

公路工程施工现场处置方案一般包括但不限于以下内容:

a. 高空坠落事故现场处置方案;

b. 触电事故现场处置方案;

c. 物体打击事故现场处置方案;

d. 机械伤害事故现场处置方案;

e. 火灾事故现场处置方案;

f. 食物中毒事故现场处置方案;

g. 重大传染性疾病事故现场处置方案。

黄土地区公路工程施工,为有效降低事故损失,应有针对性地制定坍塌、涌水突泥等事故现场处置方案。此外,现场处置措施还应包含一些常用急救措施,如人工呼吸、止血、骨折、创伤等方面的急救措施。

2.5.2 应急演练

应急演练是指各级政府部门、施工企业、社会团体,组织相关应急人员与群众,针对待定的突发事件假想情景,按照应急预案所规定的职责和程序,在待定时间和地域,执行应急相应任务的训练活动。

依据《生产安全事故应急预案管理办法》第三十三条规定,生产经营单位应当制定本单位的应急预案演练计划,根据本单位的事故风险特点,每年至少组织一次综合应急预案演练或者专项应急预案演练,每半年至少组织一次现场处置方案演练。

(1)应急演练的类型

按照应急演练的形式,分为桌面演练和现场演练。

按照应急演练的内容,分为单项(专项)演练和综合演练。

按照应急演练的目的和作用,分为检验性应急演练、示范性应急演练和研究性应急演练。

不同应急演练组织形式、内容及目的的交叉组合,可以形成多种多样的演练方式,如单项桌面演练、综合桌面演练、单项实战演练、单项示范演练、综合示范演练等。

(2)应急演练的组织与实施

应急演练的组织与实施包括计划、准备、实施、评估总结和改进五个阶段,各阶段详细实施内容见表2-11。

应急演练各阶段内容表　　　　表2-11

序号	阶段	主要内容
1	计划阶段	根据生产任务,明确本项目或本合同段应急演练的需求,提出应急演练的基本构想和初步安排
2	准备阶段	完成应急演练策划,编制应急演练方案,进行必要的培训和预演,并对所使用的工具、设备、设施及其演练环境的安全性进行检查,确保安全保障方案可行
3	实施阶段	参加演练的单位和人员按照应急演练方案,实施相应的应急响应行动,完成各项演练活动,同时安排专门人员采用文字、照片和音像等手段记录演练过程,收集应急演练评估总结信息。实施过程中如出现特殊或意外情况,总指挥可决定中止演练
4	评估总结阶段	根据演练记录、应急预案、应急演练方案、现场总结等材料,评估总结参与应急演练的单位在应急准备方面存在的问题和不足,形成总结报告,明确改进重点,提出改进计划。参与单位也可对本单位的演练情况进行总结
5	改进阶段	根据演练评估报告中的改进建议,由应急预案编制部门按程序对应急预案进行修订完善;对应急管理工作(包括应急演练工作)进行持续改进

公路工程施工生产过程中,施工合同段结合工程项目的规模、项目风险特征、施工环境等因素组织实施应急演练,建设单位也可组织不同合同段实施大规模的应急演练,提

高项目应急决策能力。施工合同段组织实施应急演练的程序参见图2-19。

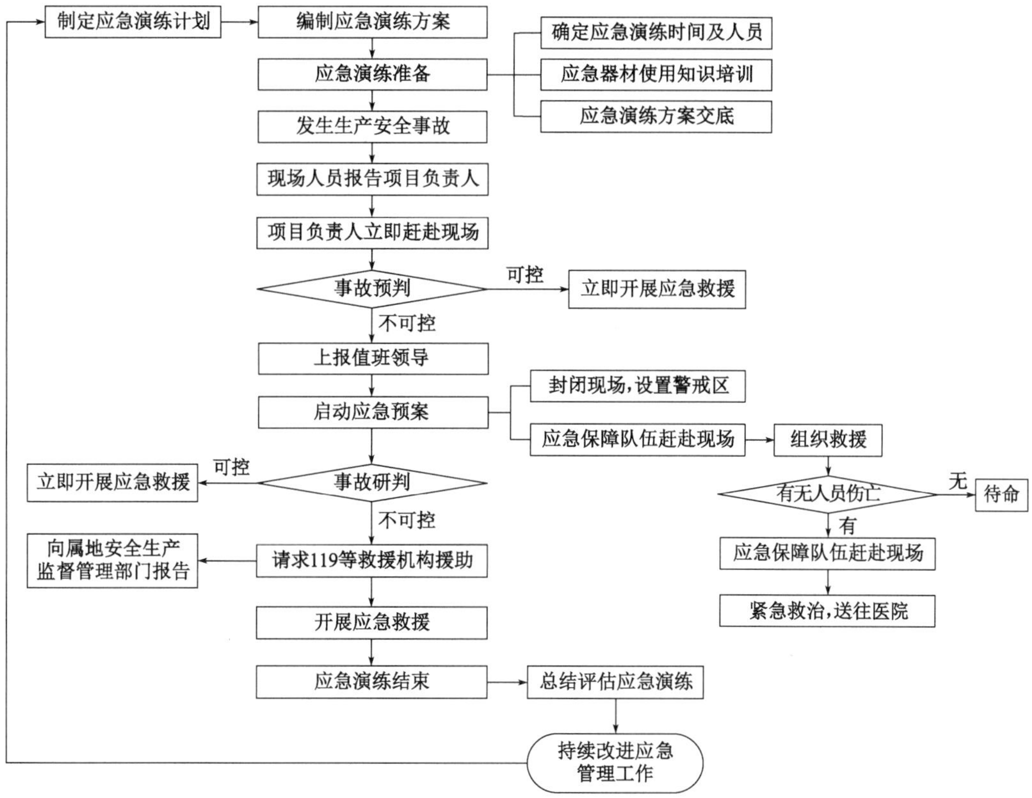

图 2-19 施工合同段应急演练程序图

黄土地区公路工程施工,春融期、雨季是生产安全事故的高发期,因此在春季复工、汛期及恶劣天气时应当加强开展应急演练工作,提高应对黄土崩塌、滑塌、泥石流等事故的应急能力;也可结合"安全生产月"或其他专项活动开展应急演练。

2.5.3 应急物资

公路工程施工过程中,应急物资是为满足施工作业现场突发事件应急处置所配备的各类检测、警戒、破拆、救生、输转、堵漏、消防灭火、照明、通信广播等常规小型物资或器材,其是突发生产安全事故应急救援和处置的重要保障。

公路施工项目应结合工程的施工环境、施工时间、施工工艺、施工组织及施工机具配备情况,根据应急预案和应急处置方案的要求,参照《应急保障重点物资分类目录》(发改办运行〔2015〕825号)配备、完善应急物资。公路工程领域,常用的应急物资可分为工程抢险装备、安全防护器具、警戒器材、消防器材、应急医用器材等类型,参见表2-12。

常用应急物资清单表　　　　　　表 2-12

序号	类型	细目
1	工程抢险装备	吊车、叉车、挖掘机、铲运机、发电机、空气压缩机、切割机、潜水泵、深水泵、千斤顶、排水管等
2	安全防护器具	氧气呼吸器、护目镜、救生绳、安全带、安全帽、防护服、反光背心、防寒服、雨衣、绝缘鞋、手套等
3	警戒器材	安全警示带、紧急疏散标志灯、反光标志、警示灯等
4	消防器材	消防砂、灭火器、消防梯、消防过滤式呼吸器、防火毯、消防水带、消防警报、烟感、温感、消防应急灯、正压式空气呼吸器、耐火救生绳、太平斧、高频口哨等
5	应急医用器材	担架、颈托、关节夹板、氧气袋、急救箱、常用急救药(抗生素、抗过敏、解毒镇痛、解毒及纱布)等
6	其他	应急灯、手电、头灯、工程塑料布、彩条布、编织袋、沙袋、对讲机、应急食品、饮用水等

在启动应急预案后,为快捷、高效地调配使用各类应急物资,施工单位可设置不小于 30m² 的应急物资储备库,其通风良好、道路畅通、便于物资的运输,并由专人管理,确保保管、养护、补充、更新、调用归还、接收各环节有序,确保应急物资不缺失、不变质。

施工单位可建立"平战结合"的应急管理模式,科学合理确定物资储备的种类、方式和数量,加强实物储备,按照"专业管理、保障急需、专物专用"的原则管理应急物资,确保在紧急情况下,能够迅速调集生产设备,并严禁任何人私自将应急物资用于日常施工生产。

2.5.4　事故报告与处理

(1) 事故的分类与分级

事故是指造成死亡、伤害、职业病、财产损失、工作环境破坏或超出规定要求的不利环境影响的意外情况或事件的总称。

《企业职工伤亡事故分类标准》(GB 6441—1986)将企业工伤事故分为 20 类,分别为物体打击、车辆伤害、机械伤害、起重伤害、触电、淹溺、灼烫、火灾、高处坠落、坍塌、冒顶片帮、漏水、放炮、瓦斯爆炸、火药爆炸、锅炉爆炸、容器爆炸、其他爆炸、中毒和窒息以及其他伤害等。

《生产安全事故报告与调查处理条例》(国务院令第 493 号)中以人员伤亡数和直接经济损失为指标将生产安全事故分为特别重大事故、重大事故、较大事故和一般事故四个级别。

公路工程建设领域,通常依据上述标准管理生产安全事故,除此之外,还需要执行交通运输部"交通运输行业建设工程生产安全事故快报"的有关规定和属地行业安全生产管理机构的有关规定。

(2)事故的报告

事故报告的主体:施工单位应及时、如实向负责安全生产监督管理的部门、建设行政主管部门或者其他有关部门报告。实行总承包的公路建设工程,应由总包单位负责上报事故。

发生生产安全事故后,主要报告以下内容:事故发生单位、发生的时间、地点、简要经过及现场救援情况和损失状况等内容。高速公路工程建设施工项目,还应上报工程项目名称、工程等级、事故发生作业环节等事故基本情况,施工从业单位基本情况。

发生生产安全事故后,不同人员的报告时限不同,可参见图2-20。

图2-20 生产安全事故报告时限图

(3)事故的处理与防范

发生事故后,现场有关人员切不可惊慌失措。项目负责人接到事故报告后应立即启动应急预案,听从组织统一调度指挥,组织抢救伤亡人员,排除险情,并采取措施防止事故蔓延扩大。同时,为了事故的调查分析,应保护好事故现场,留取有关影像资料。发生人员死亡事故时,应配合事故调查组开展有关工作。

为有效预防再发生类似的生产安全事故和减少事故损失,事故发生单位需严格坚持"四不放过"原则管理事故,即事故原因未查清不放过,事故责任人未受到处理不放过,事故责任人和周围群众没有受到教育不放过,事故制订切实可行的整改措施没有落实不放过。

做好生产安全事故台账,为事故统计、分析做准备工作,结合每一份事故调查报告,深刻地分析事故发生的原因与规律,查找安全管理的短板,总结提升安全管理能力。

第3章

CHAPTER THREE

安全技术管理

公路工程施工安全技术是指控制或消除公路基础设施施工建设过程中的危险、有害因素，以及火灾、爆炸等事故，为从业人员提供安全、良好的劳动条件而采用的工艺和方法。

高速公路施工安全技术管理是为保证安全技术措施和专项安全技术措施方案有效落实而采取的组织、协调等活动。

3.1 安全技术措施管理

高速公路施工安全技术措施是指导工程安全施工的安全管理与技术文件，是针对施工过程中可能存在的事故隐患和可能发生施工的环节进行预测，从而在技术上和管理上采取措施，消除或控制施工过程中的不安全因素，防范事故的发生。

高速公路施工安全技术措施是结合工程特点、施工现场环境、施工工艺、劳动组织、作业方法、使用的机械、动力设备、变配电设备、架设工具以及各项安全防护设施等制定的确保施工安全的预防措施，包括施工组织设计中的安全技术措施、专项施工方案中的安全技术措施和临时用电方案中的安全措施，尤其是危险性较大的分部分项工程，也应编制独立的安全技术措施文件。

3.1.1 安全技术措施的种类与内容

安全技术措施包括常规性安全措施、季节性施工安全措施和危险性较大工程安全措施三种类型。

（1）常规性安全措施

常规性安全措施是公路工程施工作业中为保证人员施工安全、机械设备安全和环境安全而采用的安全技术措施，基本以执行国家标准或行业标准为主。

①高处作业安全技术措施：上下作业通道、作业平台、人员防护措施等。

②通道安全技术措施：运输道路、消防通道、人员通道安全技术措施等。

③用电安全措施：安全电压、外电架空线路、供配电等安全防护措施等。

④起重吊装安全措施：钢丝绳、起重设备及其安全装置等安全技术措施。

⑤临边防护措施：安全护网、防护栏杆等安全技术措施。

⑥隔离措施：交叉作业、跨线施工、与周围居民的防护措施等。

⑦防火、防爆、防雷安全等安全措施。

⑧支护安全措施：基坑、边坡支护措施。

(2)季节性施工安全措施

季节性主要包括夏季、雨季和冬季,季节性施工安全措施是考虑不同季节的气候对施工生产带来的不安全因素,从技术上、管理上采取的针对性的措施。大型桥梁、隧道施工周期长,需考虑季节对施工的影响,需单独编制季节性安全技术措施。

①春季:北方黄土地区春季天干物燥,沙尘暴、春融、春雷、防火、防风是需要考虑的季节因素。

②夏季炎热,高温持续时间较长,主要是防暑降温、防蚊虫方面的措施。

③雨季作业,考虑降水对施工生产的影响,主要是放雷电、防汛防洪、防台风、防塌方方面的措施。

④冬季寒冷,考虑气温低对施工的影响,有放火、防冻、防滑等安全措施。

(3)危险性较大工程安全措施

对于结构复杂、施工难度大的特殊工程,应单独编制安全技术措施,并附设计图、计算书及相关的文字说明。如沉箱、沉井、地质复杂的隧道、海底隧道、跨海大桥、大跨径现浇桥、特殊结构桥梁等工程。

3.1.2 安全技术措施的管理

安全技术措施的管理主要包括编制、审核、审批及论证等环节,管理的程序见图3-1,其中编制是最为关键的。

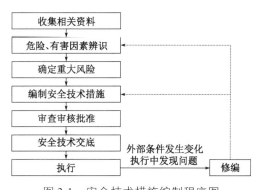

图3-1 安全技术措施编制程序图

(1)施工安全技术措施的编制

施工安全技术措施是由施工单位编制,独立的安全技术措施应由项目技术负责人或项目总工组织有关技术人员编写,一般的安全技术措施由生产技术部牵头编写。

安全技术措施的编制依据主要有:

①施工安全相关的法律法规;

②相关的国家标准或行业标准；

③施工图及施工图说明文件；

④施工组织设计；

⑤相关设备或工种安全操作规程；

⑥其他相关资料。

(2)安全技术措施的审核与审批

安全技术措施作为施工组织设计、专项施工方案中的一部分重要内容,审核与审批程序与其一致。独立的安全技术措施需经技术、质量、安全等部门的专业技术人员共同审核,通过审核后经技术负责人签字方可报送监理单位。分包单位制定的安全技术措施需经总承包单位技术负责人审核,总承包单位技术负责人及与包单位技术负责人共同审核签字并加盖单位公章后方可实施。

不需要专家论证的安全技术措施,监理单位审核后经项目总监理工程师签字批准后方可实施。

(3)安全技术措施的论证

施工单位应组织专家对超过一定规模的危险性较大的分部分项工程的安全技术措施进行论证。专家组成员应当由5名及以上符合相关专业要求的专家组成,本项目参建各方的人员和与工程项目有利害关系的人员不得以专家身份参加专家论证会。安全技术措施论证的主要内容有：

①安全技术措施的内容是否完整,是否贯穿于每个施工工序之中；

②安全技术措施是否具有针对性,是否充分考虑了工程项目的特点、施工环境、施工工艺等内容；

③安全技术措施是否具有可行性,在施工中是否易于操作、落实；

④应用新技术、新工艺、新设备、新材料,是否研究安全技术措施；

⑤安全技术措施中的计算书和验算依据是否符合有关标准规范。

专家组对安全技术措施论证后,应提交论证报告或意见,提出明确的要求,作为安全技术措施修改完善的指导意见。施工单位根据专家论证修改完善安全技术措施,经技术负责人、总监理工程师审查后方可实施。对于未通过专家论证的安全技术措施或需做重大修改的安全技术措施应重新组织专家进行论证。

(4)安全技术措施的实施

施工单位必须严格贯彻执行经审核批准的安全技术措施,不得擅自修改、调整安全技术措施,如因设计、结构、外部环境等因素发生变化或考虑不周需要变更修改的,修改后的安全技术措施应当重新履行审核程序。

开工前,施工单位应将安全技术措施向施工现场安全管理人员进行交底。项目负责人、专职安全管理人员应经常深入施工现场检查安全技术措施的实施情况,及时纠正违反安全技术措施的行为。

在检查过程中发现不落实安全技术措施的,应要求其立即整改;发现有危及人身安全紧急情况的,应当立即组织作业人员撤离危险区域。发生险情或事故的,施工单位应当停止作业,及时启动并实施相应的应急预案,防止事态恶化;险情或事故处理后,应当对施工现场进行清理,全面核查安全生产条件,经有关部门同意后,方可恢复施工。

对于按规定需要验收的危险性较大的分部分项工程,施工单位、监理单位应当组织有关人员查验安全技术措施落实情况。验收合格的,经施工单位项目技术负责人及项目总监理工程师签字后,方可进入下一道工序。

监理单位应当对安全技术措施实施情况进行现场监理;对不实施安全技术措施的,应当责令整改,施工单位拒不整改的,应当及时向建设单位报告;建设单位接到监理单位报告后,应当立即责令施工单位停工整改;施工单位仍不停工整改的,建设单位应当及时向当地主管部门报告。

3.2 安全技术交底管理

安全技术交底是公路工程施工安全管理的重要组成部分,是施工安全管理与安全生产之间的桥梁,施工安全技术交底的质量决定了施工安全管理的水平,也影响着施工安全生产能力。

高速公路施工安全技术交底是施工负责人对直接从事生产工作的人员就作业安全技术、安全操作规程、应急自救方法等内容进行培训,并以书面形式予以确认的一项工作。

3.2.1 安全技术交底的种类

安全技术交底按照传递方式可分为书面交底和口头交底;按照施工参与要素可分为工种作业人员安全交底、施工机械安全交底和操作技术安全交底等;按照参与方的不同,可分为设计交底、施工交底和班组交底。

3.2.2 安全技术交底的要求

安全技术交底是一项技术性很强的工作,应具体、明确、针对性强,具有可操作性、预见性与指导性。

（1）针对性强。安全技术交底必须是针对施工作业所使用的机械设备、所承担的工作任务、施工作业所处的环境及当时的气候条件等实际情况进行交底。

（2）可操作性。一线施工作业人员多数为农民工，人员素质参差不齐，安全技术交底的文字内容应通俗易懂、图文并茂，便于作业人员接受。此外，交底的内容应具体明确，切不可笼统、教条，以保证其可操作性。

（3）预见性。安全技术交底要对施工作业中可能存在的安全隐患、可能存在的安全问题进行预测，并告知从业人员。

（4）指导性。安全技术交底的内容应可指导施工作业，实现安全生产。

（5）强制性。安全技术交底的要求是对施工作业行为的约束，作业人员应严格遵照执行，不得违反。

3.2.3　安全技术交底的内容

安全技术交底的内容主要包括：

（1）施工作业特点

工程项目和分部分项工程的概况，所参与施工作业的特点，使作业人员了解所施工的工程内容及风险特点。

（2）主要危险源及危害因素

针对施工过程的危险部位和环节，从人的不安全行为、物的不安全状态、环境的缺陷等方面讲述可能导致生产安全事故的危险、有害因素，以及以往类似的事故案例。

（3）安全注意事项

作业安全操作规程、发现危险、有害因素采取的具体预防措施及应注意的安全事项。

（4）应急措施

作业中如发现事故隐患应采取的措施，发生事故后应及时采取的避险和自救、互救措施。此外，还应告知事故报告的有关要求。

3.2.4　安全技术交底的职责

高速公路工程施工安全技术交底应实行三级交底制度，详细如下：

工程项目开工前，施工组织设计的编制人员、审批人员向施工管理人员（包括分包单位现场负责人、安全管理人员）进行施工组织设计及安全技术措施交底。

分部分项工程施工前，专项施工方案的编制人员或技术负责人应将安全技术措施、施工方法、施工工艺、施工中可能出现的危险因素、施工安全注意事项等向施工现场管理人(包括分包单位现场负责人、安全管理人员)进行方案交底。

每道施工工序开始作业前,施工现场管理人员应当向作业人员进行安全技术交底,并由双方和项目专职安全生产管理人员共同签字确认。

新进场的人员参加施工作业前,由项目部安全人员及项目部分项管理人员进行工种交底。每天上岗作业前,班组长负责对本班组作业人员进行班前安全交底。

工程项目实行总分包的,由总包单位项目技术负责人向分包单位现场技术负责人交底,分包单位现场技术负责人向施工班组长进行交底,施工班组长向作业人员进行交底。

两个以上施工队或工种配合施工时,应按工程进度定期或不定期地向有关施工单位和班组长进行交叉作业的安全技术交底。

出现下列情况时,项目经理、项目技术负责人或安全员应及时对班组及作业人员进行安全技术交底:实施重大和季节性安全技术措施,推广使用新技术、新工艺、新材料、新设备;发生因工伤事故、机械损坏事故及重大未遂事故;出现其他不安全因素、安全生产环境发生较大变化。

3.2.5 安全技术交底文件管理

安全技术交底应有书面记录,交底双方履行签字手续,书面记录应在交底者、被交底者和安全管理者三方留存备查。归档的文件应为原件,因各种原因不能使用原件的,应在复印件上加盖原件存放单位的印章,并有经办人签字及时间。归档文件采用电子文件载体形式的,应符合现行国家标准《电子文件归档与电子档案管理规范》(GB/T 18894—2016)。

第4章

CHAPTER FOUR

临建设施安全管理

黄土地区高速公路工程施工，临建设施承担了大量的生产任务，包括原材料、半成品和成品的加工、存储与质量检测，施工材料、人员及废渣的运输等。因此，临建设施的施工建设和运营安全管理均是施工安全生产的重要内容。

4.1 场站建设安全管理

近年来，临建设施生产安全事故给施工项目安全管理敲响了警钟，如广东东莞"4·13"起重机倾覆重大事故，加强临时设施（场站）的建设安全管理迫在眉睫。为了从源头上遏制大型临时设施发生生产安全事故，应做好选址、设计规划、建设与拆除等环节的安全管理。

4.1.1 选址

临时设施（场站）的选址应充分考虑地质、气象、水文、管线和周边社会环境等影响，避开易发生滑坡、塌方、泥石流、崩塌、落石、洪水、雪崩和取弃土场地、爆破区等危险区域，靠近施工现场和运输线路，最大限度减少土地占用和破坏。

临时设施的选址受施工环境、条件限制，如所选位置有不良地质特征，应及时按照《地质灾害危险性评估规范》（GB/T 40112—2021）对其建设和使用过程中可能存在的地质灾害进行危险性评估工作，确定地质灾害风险等级，并提出具体预防治理措施和建议。

此外，施工单位应编制选址报告，报告的主要内容包含：选址位置基本情况（选址位置、面积、地形地貌、地质条件、气候环境、交通情况、周边建筑物及管线、地形图等）、选址判定依据、附件（不良地质判别表、不良地质初筛表、地质灾害评估报告等）。

2019年3月15日，山西省乡宁县发生山体滑坡，造成20人死亡、13人受伤，如图4-1所示。

图 4-1　乡宁县山体滑坡事故图

上述事故乡宁县所在地理位置是典型的黄土高原地带,发生如此严重事故,虽然与高速公路建设无直接关系,但对黄土地区临建设施选址具有一定的参考意义。因此,在黄土地区临建设施的选址应更加关注滑坡、泥石流等地质情况。

4.1.2 规划设计

为确保临时设施(场站)投入生产之后安全、可靠,应结合选址情况,综合临时设施的功能、生产能力、周边交通状况和属地气候条件等因素对临时设施(场站)进行详细规划设计,包括厂区规划和分部独立设计。厂区规划时,应对临时用电、排水、场内道路、防雷、消防等统筹布局并绘制平面规划图;活动板房、钢筋加工厂、储料罐、储料仓及隔墙等临建设施应进行独立设计,并绘制施工图。

黄土地区,主要气候特点是春天沙尘暴、大风天气较多,冬季降雪、室外温度低。在规划设计时,应着重考虑气候特点。

(1)临建设施

拌合站属于大型临时设施,主要是水泥混凝土、沥青混凝土的加工与输出,不仅是生产安全,还涉及职业健康安全管理,安全管理的要点主要如下:

①在黄土地区避免噪声、粉尘等有害因素影响作业人员及附近居民的健康,拌合站的设置应尽量在生活区下风向。此外,拌合站设备应选用环保型设施,按照国家有关安全的要求,及时淘汰老旧设备。

②材料存储区、钢筋加工厂、预制厂应分开规划,形成流水作业。大型设备、设施(钢筋棚、料仓棚、储料罐等)倾覆半径的1.5倍范围之内不可建设办公生活区。

③黄土地区,春季大风对门式起重机、拌合楼的影响较大,设计时应充分考虑防风登记。因此,钢筋加工厂门式起重机两侧与侧墙、立柱之间的净距不应小于50cm。门式起重机轨道基础应采用钢筋混凝土现浇,钢轨应采用钢压板固定,严格执行审批方案,轨道不宜设置纵坡、曲线,应预设、预埋地锚。必要时,应加强拌合楼缆风绳的配置。

(2)出入口安全设计

为预防场站车辆进出发生交通事故,造成人员伤亡,对出入口进行安全设计至关重要。出入口安全设计主要包括道路宽度、坡度、限高、限速等内容。此外,为避免无关人员或牲畜进入场站生产现场,还需安排专人进行安全管理,并设置门禁系统,在出入口、主要通道等位置安装远程视频监控、喊话系统和报警器等装置,配备手电等工具。

(3)排水设计

按照施工安全标准化和"平安工地"建设的要求,临建场地应进行硬化处理,以确保基础的稳定性。预制场要对预制梁等进行养护,经常进行淋水等作业。湿陷性黄土、膨胀土等特性的土,大量地表水(含自然降水)一旦进入,其弹塑性会发生变化,承载能力也会发生变化。为防止发生地基沉降、坍塌等事故,应做好排水设计,如明确排水沟、截水沟、蓄水池等排水设施的宽度、深度、横截面形状等参数,且地坪坡度不宜小于0.3%,排水坡度宜为0.3%~0.5%。

日常生产工作中,水泥混凝土罐车经常进行冲洗作业,产生大量的污水。因此,可在罐车出入口处设置自动洗车装置,在沉淀池、施工水池上部采用钢筋网覆盖,四周设置1.2m高防护栏杆及警示牌。

(4)用电设计

临建设施的用电设计主要是结合工程规模、工程进度、施工组织设计等情况,确定用电功率、机组分配、布线方式等详细参数。因此,临建设施的用电设计与地域的相关性较小。

黄土地区,为了施工安全,还应考虑地下水位的情况、黄土稳定性、全年风向等因素进行设计,如采用架空线,应注意埋设电线杆地方黄土的稳定性。

临建设施内的电缆敷设宜采用架空或直埋等方式,减少地面明线,使用插拔式配电箱和遥控式用电设备;生活区宜统一配备USB充电插座和空调,在工人生活区设置专门区域供大功率电器使用。其他详细内容可参见"4.3 临时用电安全管理"。

(5)临建设施结构与材料选择

生活区、办公区应按照《建设工程施工现场消防安全技术规范》(GB 50720—2011)的有关规定进行消防安全管理,采用装配式活动房屋的,应选用阻燃、防水材料,活动板房应依据《冷弯薄壁型钢结构技术规范》(GB 50018—2002)、《门式刚架轻型房屋钢结构技术规范》(GB 51022—2015)进行结构设计计算。

钢筋加工厂建设宜采用轻型钢结构,宜引入全自动钢筋加工、自动焊接等设备,上层设置采光板、排烟天窗,机械传动部位应设置防护罩,钢筋切割作业区应设置防护挡板,钢筋(笼)堆放应做好防倾覆措施。

轻型钢筋加工厂的设计宜选用单跨结构形式,钢柱、斜梁可采用实腹式H形截面(等截面或变截面,焊接或轧制)或钢柱采用圆钢管、斜梁采用圆管相贯的格构式截面;用于承重的冷弯薄壁型钢、热轧型钢和钢板,应采用《碳素结构钢》(GB/T 700—2006)规定的Q235和《低合金高强度结构钢》(GB/T 1591—2018)规定的Q345钢材。

储料罐钢筒仓结构设计计算应按照《钢结构设计标准》(GB 50017—2017)、《冷弯薄壁型钢结构技术规范》(GB 50018—2002)及《钢筒仓技术规范》(GB 50884—2013)等的有关规定执行。储料仓隔墙宜选用悬臂直立式结构体系,隔墙高度不宜超过 3.5m,可采用钢筋混凝土隔墙或钢柱—压型钢板隔墙。钢筋混凝土隔墙的结构设计计算应按照《混凝土结构设计规范(2015 年版)》(GB 50010—2010)的有关规定执行;钢柱—压型钢板隔墙的结构设计计算应按照《钢结构设计标准》(GB 50017—2017)和《冷弯薄壁型钢结构技术规范》(GB 50018—2002)的有关规定执行。

黄土地区,冬季积雪难融化,会增加钢筋加工厂、材料储存料仓的顶部结构的承重荷载。因此,应结合选址位置的降雪情况,对材料存储区、钢筋加工厂的顶棚做结构安全验算,并进行季节性安全检查。

4.1.3 建设与拆除

拌合站罐体、预制场起重机械设备等大型临时设施的安装与拆除均需编制专项施工方案,并严格按照方案施工,在施工过程做好有关安全防护措施。

黄土地区,开展安装与拆除工作,禁止在 6 级及以上大风天气作业。此外,还应做好以下安全管理工作。

(1) 拌合站

建设安装过程中,拌合站罐体上设置钢护笼爬梯,基础外侧应设置防撞设施,料仓墙体外围应设置警戒区,警戒距离不宜小于墙高的 2 倍。

(2) 预制场

预制梁安设钢筋、上下梁体应采用专用标准化爬梯,预应力张拉作业、量测伸长值或挤压夹片时应在两端设置张拉挡板,挡板应有缓冲、阻挡功能并设置防倾覆支腿。

拆除工程施工现场应划定危险区域,设置警戒线和相关安全警示标志。

4.2 场站运行安全管理

4.2.1 试验室

工地试验室承担着原材料、半成品以及实体工程的质量检测任务,是质量安全的重要保障。工地试验室一般包括土工试验室,沥青、沥青混凝土试验室,水泥、水泥混凝土试验室,力学试验室,外加剂试验室,标准养护室和样品房等,试验室中有夯实机、混凝土搅拌机、烤箱等专用试验检测仪器设备,需要专业人员按照相关规程操作。因此,试验室安全管理也是项目安全生产的重要组成部分。

试验室安全管理的要点如下：

(1) 应综合考虑采光、通风、噪声、振动、灰尘、辐射等环境因素对试验室进行选址建设。试验室的位置宜在项目部内或拌合站附近，如选址受条件限制，只能选在拌合站内时，应选在迎风位上风位，距离拌合机距离150m以上；建筑形式要考虑安全、环保及施工要求等因素。

(2) 试验室用房如为租赁的房屋，应安全、坚固；如为轻钢彩钢板房，必须使用A级阻燃材料，其他材料必须符合国家相关标准，采用加固措施。

(3) 试验室有诸多大功率的试验仪器，应加强用电安全管理。应根据试验室的用电量设计用电线路，采用集中配电控制设备，将所有线路、仪器设备安全接地，大型设备、精密设备和大功率设备设专用线路，并符合临时用电相关要求。

每台试验仪器装设独立的专用开关箱，按照"一机、一闸、一漏、一箱"的要求设置，且电源插座设置高度距离地面距离应大于100cm，并远离试验用水；标养室的电路开关及灯具必须有防潮装置，如图4-2所示。

图4-2 标准养护室开关箱示范图

此外，试验室应备有功率≥15kW的发电机，并作防噪处理，保证试验检测工作正常、连续，备用发电机组必须有连锁保护装置。

(4) 压力机、万能材料试验机等力学设备应设置金属防护罩或安全防护网，网眼尺寸不宜大于1cm×1cm，防护网应安全、方便操作，如图4-3所示。

(5) 化学试剂应设置专区入柜存放，标识清楚，橱柜上锁，实行双人双控管理，建立健全领用、使用台账。

(6) 化学室、沥青室及沥青混合料室应设置强制通风设施，试验员开展沥青或有毒化学试剂试验时，应穿戴好劳动防护用品。

图 4-3　力学设备安全防护示范图

(7)试验室必须配备有效的消防器材,如消防斧、消防沙等,合理分布在各功能室外,灭火器数量符合消防规定,如图 4-4 所示。

图 4-4　消防器材及警示告知示范图

(8)所有试验区域均应在醒目位置悬挂或张贴安全警示标志,在设备旁、仪器旁悬挂或张贴操作规程牌。

4.2.2　拌合站

拌合站是工程建设中用于土建搅拌施工等大型机械的统称。在高速公路工程建设施工中,拌合站分为移动式和固定式,以固定式为主,有稳定土拌合站、水稳拌合站、沥青拌合站、混凝土拌合站等类型。

移动式拌合站的各料仓带轮胎可以牵引行走,转场方便灵活,生产能力较低,常在路基防护工程施工使用;固定式拌合站,需要用混凝土打地基,再把设备固定其上,生产能力高,拌和石灰、水泥、粉煤灰等结合料与土、砂砾或其他集料,在路面工程使用。

黄土地区，春季有春雷，夏季有强降雨，冬季降雪，常年时有大风天气，拌合站安全管理更应结合地域特点，加强避雷、防汛、防积雪方面的安全管理工作。

拌合站在施工生产中发挥了极其重要的作用，只有做好安全管理才能为生产保驾护航，其生产安全管理的要点如下：

(1)拌合站的选址除满足4.1.1有关规定外，还应考虑粉尘、噪声、环保等方面的要求，并远离居民区。

(2)拌合站的建设应结合选址情况制定专项施工方案，方案中应确定用电方案、排水设计方案、场站内道路规划、交通组织方案、储料罐及拌合楼地基承载力与抗倾覆计算等关键技术要求的内容。

(3)拌合站场地必须进行硬化处理，采取封闭式的方式进行管理，设置视频监控系统，并合理划分原材料存放区、拌和作业区、运输车辆停放区、监控操控区等功能区，设置运输车辆停放区，可参见图4-5和图4-6。

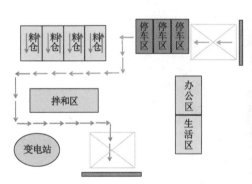

图4-5 拌合站内交通组织示例图　　图4-6 拌合站分区布置示例图

(4)施工期，拌合站用电为高压高负荷用电，场站内的电缆采用埋管设置或线槽敷设，变电器的设置应由专业人员进行操作，变电站进行围挡隔离，安装接地装置和避雷设施，进门口应在原来操控端。此外，场站内设备应加装漏电保护器，设双闸双锁，拌合锅设自动断电限位开关。

(5)拌合站内所设置的设施及设施间应保持安全间距。拌合楼与办公区、生活区或周围其他建筑物的安全距离不得小于单个储料罐的高度，且不小于20m；拌合楼出料口与车辆之间的预留净高不小于1m，出料口下方立柱与车辆两侧的预留净宽不小于0.5m；储料仓外围警戒区宽度不小于墙高的2倍；拌合楼水平投影面内应采取隔离设施，隔离设施高度不小于1.2m；拌合楼及储料罐基座处应设置矩形防撞墩，高度不小于60cm，如图4-7所示。

(6)拌和设备的检修作业是场站内最危险的作业之一,在工程建设中也发生过很多起机械伤人事故。为避免事故的发生,拌合机传动系统裸露部位应设置防护装置及安全检修保护装置;拌合作业时,严禁无关人员进入拌合楼围闭区;拌合站检修时,设置"有人作业、严禁合闸"的安全警示标志,双闸断电,双门上锁,严格落实"一人检修,两人看护"的规定,如图4-8所示。当发生意外情况时,应立即切断总电源开关,清除搅拌桶内拌合物。

图4-7　防撞墩和隔离栅示例图　　　图4-8　清锅作业安全警戒示例图

(7)由于沥青为石油的副产品,具有可燃性,而沥青混合料需要在高温条件下拌和,会挥发出有毒有害气体,致使沥青拌合站的管理具有一定的特殊性。

沥青类拌合站应加强消防安全管理。一是材料安全管理,油料与燃料的存放应保持防火间距,及时清理场内的废弃沥青、油污和废料,并配备相应的消防器材,防止发生火灾。二是在进行拌和作业时,作业人员应避让高温管道、炉罐,防止灼烫,操作中若自动点火设备连续两次点火不成功,严禁继续点火,应立即停机并派专人检查,以防发生爆炸事故。此外,以天然气作为燃料的沥青拌合站,应单独制定安全操作规程。

(8)黄土地区,积雪会增加储料仓的负荷,长时间的积雪可能会造成储料仓倾覆,发生坍塌事故。因此,储料仓应由具备专业资质的单位进行设计,并按属地厂房抗风设计标准、抗压设计指标进行分级验算,必要时应进行论证。

储料罐上应装设缆风绳及经检测检验合格的避雷装置,缆风绳上宜缠绕反光带;地锚应提前预埋,宜缠绕反光带;料仓前设置排水沟。

(9)黄土地区,大风天气会造成环境的污染,影响作业人员和附近居民的健康。为加强职业健康安全管理,站内应配备扬尘噪声检测仪,对空气质量、噪声指数进行监测,保证拌合站内空气、噪声指数达标。

(10)配电房、拌合作业区、出入口等危险部位应设置安全警示标牌,设备上应悬挂安全操作规程,拌合站入口处醒目位置应设置指路标志。

4.2.3 预制场

预制场,顾名思义,预先制作的场地,是用现代工业的生产方式和管理手段代替传统的、分散的手工业生产,使用机械化手段生产定型产品,具有缩短工期、降低造价等优点。在公路工程建设中,预制场的主要使命是完成不同类型的梁板等大型构件的制备,以及急流槽等小型构件的预制。随着公路工程建设的规模越来越大,预制场逐步向工厂化发展,本小节主要以预制梁场为例进行论述。

预制场存在大量混凝土浇筑、高压用电、起重吊装等危险性较高的作业,是施工建设中不可或缺的组成部分,做好有关安全管理工作对推进项目安全生产具有重要的意义。黄土地区,预制场的安全管理要点如下:

图4-9 路基上建设预制场示范图

(1)预制场占地面积大,使用时间长,综合考虑场站建设成本、协调管理、环境保护、运输管理等因素,很多建设项目会将预制场设立在即将建设的服务区、停车区或主线路基上。若选建在服务区、停车区,安全管理的难度相对较小。如选建在主线路基上,应充分考虑场地物料、预制梁运输的便利性、安全性,后期场地恢复的难易性等因素进行选址,可参见图4-9,着重关注以下安全要点:

①预制梁场宜选在梁板运输便利、桥梁相对集中的位置,避免预制梁在运输过程中发生事故,造成人员伤亡;

②为防止场地不均匀沉降,预制梁场应尽量设在路基挖方段,并提前做好边坡防护及排水设施(包括养生用水、三级沉淀池),避免水土流失影响附近农田灌溉;

③预制梁场建设应与后期路面施工统筹考虑,尽可能减少对工程进度和后期路面施工的影响,并尽可能地使预制场基础等能够得到后期路面的利用。

(2)预制场场地应进行硬化处理,采用封闭式管理,场地应按办公区、生活区、生产区分开布设,合理划分钢筋绑扎区、制梁区、存梁区等生产功能区,并保持一定的安全距离,尤其是防倾覆间距;重点部位设置视频监控系统,并确保通信联络畅通。

(3)预制品的养护过程中需大量使用水,产生大量的废水。生产用水或废水处理不当,会浸入地基,影响预制场地基的稳定性。黄土受水影响,弹塑性发生变化,地基会出现开裂、变形等病害,甚至会造成存梁倾倒、龙门吊倾斜等事故的发生,尤其是湿陷性黄土类型的地基。因此,预制场内应做好排水设计,设置综合排水系统,集中收集养护用水,经沉淀、过滤后重复使用,同时达到环保要求,如图4-10所示。

(4)预制场龙门吊使用高压用电,在移动预制梁的过程中需拖行电缆,且存在养生水,水与电的共存,是一项重大安全风险。因此,预制场临时用电必须满足用电安全管理有关的规范要求。

图4-10 综合排水系统示范图

为了施工安全考虑,预制场纵向临时用电线路应采取架空线路设置,横向临时用电线路可采用电缆槽设施,龙门吊用电线路采用滑线槽设施,避免发生触电事故。生产过程中试行"定置"管理,制梁台座处应合理布设养生管线、用电管线,如图4-11所示。

图4-11 龙门吊用电线路滑线槽示范图

(5)预制梁的制作主要是绑扎模板、浇筑混凝土,施工危险性较小。为避免发生模板松开、跑动造成人员伤亡,应做好施工前的安全确认工作,采用移动式混凝土浇筑工作平台等先进的施工方法进行作业,并配置人员上下爬梯。

模板安装前或拆除后,应按要求堆放管理。一般以避免模板变形为基本原则,堆放高度不宜大于2m,底部应垫高于10cm,并采取防倾覆措施;露天堆放时应加遮盖。

(6)预制梁张拉压浆作业是一项专业性很强的工作,不仅作业危险性较大,还会影响到桥梁后期服役安全性。张拉压浆作业安全管理要点如下:

①采用智能张拉及压浆技术,张拉及压浆作业人员应佩戴护目镜,张拉作业两端须设置可移动式防护挡板,压浆机须装设防护罩。

②张拉作业时,千斤顶顶力作用线方向不得站人,以防预应力断筋或锚具、楔块弹出伤人;量伸长值或挤压夹片时,人员应站在千斤顶侧面。

③压浆前,应检查压浆机压力表是否合格,安全装置是否完好,压浆管接头是否牢固;压浆时,操作人员应站立在压浆管侧面;压浆结束后,应确保管内无压力后再卸管。

(7)预制梁吊装、移动作业是一项危险性较大的作业。采用捆扎式吊装梁板时,应安排专人在现场指挥管理,禁止无关人员进入作业区,地板与吊装绳之间要用胶皮垫好,或者钢丝绳与梁板接触部位应设置卡槽(图 4-12),做好试吊工作后再起吊,确保平稳运输,没有倾斜,防止梁板磨损、崩角及钢丝绳磨损,避免发生吊装物坠落砸伤作业人员的事故。

图 4-12　梁板吊装捆扎示范图

(8)梁板的预制要与施工计划紧密结合,既不能长期在预制场存放,也不能赶不上施工计划提前安装,以确保实体工程的质量安全。梁板在预制场存放,应做好以下安全管理工作:

①存梁区应平整无积水,梁板存放应符合设计要求,设计文件没有规定时,空心梁板叠放层数不得超过 3 层,小箱梁叠放层数不得超过 2 层,T 梁不得叠放;存梁台座顶面离地面高度应不小于 30cm。

②梁板存放时,应在梁板端头两侧设置支撑设施,确保存放稳定不倾覆;支撑设施宜使用枕木、钢管或刚性支撑架,如图 4-13 所示;层与层之间应采用枕木支垫,上下支垫点应当在同一条垂直线上,并在梁板支点上,如图 4-14 所示。

(9)预制厂配备专用清扫车辅助专人定期清扫、整理,保持场地的整洁、有序,既避免人员被绊倒摔伤,又可实现现场安全标准化管理。

图 4-13 梁板支撑示范图　　　　图 4-14 T梁叠放示范图

4.2.4 钢筋加工厂

在高速公路工程施工中,钢筋加工厂主要向桥梁工程和隧道工程输出半成品、成品,以钢筋笼、拱圈、接头等半成品为主。钢筋加工厂的生产工作采用多种类型的小型机具,也采用智能化的数控机床、电气焊机器人等现代化机械设备,还用到起重吊装设备,区域流水线作业程度高。黄土地区,钢筋加工厂场地地基基础应坚实可靠,可参考预制场的管理要求进行建设,其他安全管理的要点如下:

(1)应结合钢筋加工量,合理确定钢筋加工厂的地理位置和场地面积,以就近施工现场为基本原则,如隧道工程钢筋加工厂常选在洞口处。

(2)钢筋加工厂应委托具备专业资质的单位进行设计,宜采用钢结构搭设,按各地厂房抗风设计标准进行分级验算,若需降低抗风等级,施工单位须进行论证,确保结构安全。此外,北方黄土地区,还应考虑项目建设所在地降雨、降雪等情况,以避免轻型钢结构因积雪致使变形、倾覆。同时,按设计要求设置缆风绳,提前预埋地锚,与围挡墙体之间预留安全距离。

(3)钢筋加工厂场地必须进行硬化处理,采用封闭式管理,合理划分材料堆放区、钢筋下料区、加工制作区、半成品区、成品区、运输及安全通道等功能区,并在生产过程可采用"6S"定置管理,并在各功能区设置分区标示牌,出入口、焊接作业区、配电设施等场所应设置安全警示标牌,机械设备应悬挂安全操作规程牌及设备标识牌,参见图 4-15。

(4)进入钢筋加工厂的所有作业人员必须穿戴相应劳动保护用品。作业前进行检查,作业中严格执行相应操作规程和安全规章制度,并做好设备使用、维护、保养记录。

(5)钢筋加工场内的起重吊装设备多为桥式龙门吊,其用电线路宜埋管设置或采用线槽敷设,避免被钢筋等材料碰触、撞断,造成触电、高处坠落事故。

图 4-15　钢筋加工厂分区布设示范图

（6）钢筋加工厂使用的小型机具众多，用电安全管理是重点。钢筋加工厂应设置总配电箱和分配电箱，开关箱与分配电箱分开布置，动力配电箱与照明配电箱分开设置。所有机具必须严格按照"一箱、一机、一闸、一漏"的要求布设，接地保护采用专用的接地保护装置，严禁采用钢筋绑扎接地方式取代。

（7）钢筋加工厂常用到的钢筋弯曲机、切割机、弯箍机、绞丝机等机械设备，必须为预防发生机械伤害、触电等事故，做好以下安全管理工作：

①使用的机械设备应满足安全要求，应操作简单、维修方便、可靠性高、安全性能好，在安装调试后方可投入使用。

②所有机械设备的传动部位均应设置防护罩，钢筋加工工作台应稳固，冷拉作业区的两端应设置防护挡板及安全警示标牌，钢筋加工场侧墙彩钢板应设置接地保护装置。

③人工断料工具应牢固、可靠。切断小于30cm的短钢筋时，应使用钳子，禁止用手把挟，并在外侧设置防护箱笼罩。

④电焊机等设备的导线绝缘性良好，有可靠的接地装置。操作钢筋骨架滚焊机时，在变换规格调节滑块位置前，应确认螺栓是否紧固，避免焊接过程中滑块飞出伤人；在维修或调整设备（包括调节行程开关及接近开关位置）时，应关闭设备的电源。

⑤卷扬机应安装牢固、稳定，防止受力时位移和倾斜。

⑥所有机具的安全操作规程应悬挂于墙上，便于作业人员学习掌握。

（8）钢筋原材料、半成品及成品应分类分区堆放，并设垫高台，一是防止锈蚀影响产品质量安全，二是避免将作业人员碰伤。垫高台座宜用混凝土基座、型钢等能承重的材料制作，台座高度应不小于30cm；钢筋堆放高度应不大于2m，对于捆绑的圆形钢筋，其叠放高度应不大于2层。

(9)钢筋加工厂焊接、切割作业会使用氧气、乙炔气瓶,其具有一定的压力,且具有爆炸性,应严格按照特种设备的管理要求进行管理,安全管理要点为:

①不同种类的气瓶应标为不同的颜色,如氧气瓶标为蓝色,乙炔气瓶标为黄色,以便于区分管理。

②气瓶均应装有防震圈和防护帽。

③不同种类的气瓶应分开存放,并保持10m以上的安全距离。在工作时,氧气瓶与乙炔气瓶的间距不得小于5m,气瓶与明火作业点的距离不小于10m。当距离不能满足安全距离要求时,应采取隔离防护措施。

④气瓶存放点和工作点均应配备灭火器等消防器材,并设置安全警示标志。

4.2.5 便道与栈桥

黄土地区,施工便道与便桥在施工过程中非常重要,是施工原材料、半成品、成品及废弃物运输的重要通道,也是施工人员、管理人员、监督检查人员深入一线开展工作的重要路径,有些时候也是周边村民出行的通道,但往往受所在地环境条件限制,建设时间短、难度大、资金投入有限,使施工便道安全管理难度大。

在黄土地区,春融的便道边坡的土体可能会出现开裂、松散等现象,春季气候干燥,便道尘土飞扬,影响后车视线视距,雨季泥泞,冬季雨雪结冰,尤其是上下坡路段,这些对于施工重车运输极度不安全,应加强临时道路技术指标和临边防护的安全管理。

(1)根据桥梁、隧道、涵洞、通道等施工工点的地形、地貌特点,结合附近可利用村道、乡道、县道的情况,综合设计施工便道,并确定便道宽度、坡度、长度等关键安全技术指标,以下技术要求供参考:

①单车道施工便道的路基宽度不小于4.5m,车道宽度不小于3.5m,并在视线良好路段设置错车道;双车道施工便道的宽度不宜小于6.5m。

②错车道的间距不宜大于300m,其有效长度不小于20m,宽度不小于2.5m;若必须设置横坡,横坡坡度不宜大于2%。

③黄土地区的施工便道,多数纵坡坡度较大,为确保施工重车通行安全,不宜大于9%。

④必要时,便道处设置人车分离设施,一是起到临边警告作用,二是起到保护行人的作用,如图4-16和图4-17所示。

(2)黄土地区施工便道通行的安全性受水的影响较大,应在急弯、陡坡、连续转弯等危险路段进行硬化处理;大纵坡便道、特大桥、隧道洞口、拌合站和预制场与地方路连接段便道路面应采用混凝土硬化,硬化长度不小于 30m;若条件允许,其他路段优先采用泥结碎石或天然级配碎石,可充分利用隧道洞渣或矿渣进行铺筑。此外,所有便道必须满足雨天通行及运输要求。

图 4-16　施工便道人车分离示范图　　　　图 4-17　施工便道临边防护示范图

(3)施工便道应结合线形技术指标和周边情况,配置、完善相关的安全设施和交通标志。

①便道出入口处应设置限速标志和减速带,如图 4-18 所示。

②在转弯、视线不良地段应设置广角镜及"减速慢行"等安全警示牌。

③跨越或邻近道路施工时应双向设置限速、慢行警示标志。

④应在施工便道临边临崖等危险地段设置防撞墩防护和"危险地段、注意安全"等安全警示牌,如图 4-19 所示;并进行限速管理,陡坡、急弯、连续转弯处须设置"减速慢行"等安全警示牌,限速为 5km/h。

图 4-18　减速带设置示范图　　　　图 4-19　临边防护示范图

⑤岔路口应设置方向指示牌;便道与国道、省道或交通量较大的县乡道交叉时,应在交叉处设置警示标志和夜间警示灯;与国道、省道等交通量大的平交路口宜设置"一车一挡"设施,并安排人员 24h 值班。

⑥有高度限制的区域应设置限高架及警示标志。

(4)施工便道应做好防排水管理,避免便道被冲刷,造成车毁人亡的恶劣事故,主要是完善排水设施:

①结合属地降雨降水情况,设置排水沟、圆管涵等排水设施。排水沟一般设在便道汇水面一侧,横截面积宜为30cm×30cm;便道若通过水渠或灌溉沟渠部位,应埋设管涵,其断面不小于原沟渠断面,确保排水能力。

②新修的施工便道,开挖后应对便道的边坡和坡脚进行必要的防护,坡脚下排水沟要顺畅,不得有积水。

③雨后及时进行安全检查,对损坏部位进行修复。

(5)未进行硬化处理的黄土便道,为避免尘土飞扬影响驾驶员视线,应进行洒水除尘作业。

(6)施工便道修好后,必要时应组织有关技术人员进行验收管理。

4.2.6 栈桥(便桥)

施工栈桥,是行驶起重运输机械的临时桥梁,由桥墩、梁跨等结构组成,可以直接为施工服务,其施工难度和管理难度均大于便道。便桥是为满足施工机械顺利通行、材料运输方便而架设的简便桥梁,一般具有较强的刚度和强度。

栈桥施工受水上作业、高空作业影响,安全生产管理任务艰巨,难度较大。黄土地区,冬季水域结冰、春季解冻后的冰凌随水域流动,均对施工便桥墩柱的结构安全有影响,此外,冬季降雪对便桥上方的便桥承重能力、抗滑能力均有影响,应加强这几方面的技术安全管理。

(1)应根据施工地的水文、地质特点,对栈桥的荷载和结构进行专项设计。荷载设计应考虑重载运输车荷载、自重、人行荷载及其他荷载,合理确定动荷载系数,确定检算荷载;结构设计中应对桩基、钢管桩、跨度、贝雷纵梁、平台等进行专项设计,并进行结构安全验算。

(2)大型桥梁施工应采用封闭式管理,在栈桥两端设门禁管理,进行交通管制,禁止非施工车辆在栈桥上行驶,尤其是社会车辆;并安装视频监控系统,强化施工现场的安全管理,如图4-20所示。

(3)施工栈桥(便桥)的安全技术要求如下,示范工程如图4-21所示。

①人行栈桥宽度应不小于2.5m,人车混行的栈桥宽度应不小于4.5m,作业人员应单侧通行;若栈桥长度超过1km,应增加桥面宽度。

图 4-20　栈桥封闭管理示范图

图 4-21　栈桥临边护栏示范图

②栈桥两侧临边处应设置高度不小于 1.2m 的防护栏杆,并挂过塑钢丝网;栏杆立杆间距应不大于 2m,横杆与上下杆件的间距应不大于 0.6m;立杆和横杆应采用直径不小于 48mm 的钢管制作,钢管间应采用标准扣件连接或焊接,并涂上红白或黄黑相间的反光漆;栏杆与平台应采用焊接连接,焊缝高度不小于 5mm;栏杆底部须安装高度不小于 180mm 的挡脚板。

③栈桥桥面宜采用具有防滑措施的压型钢板或花纹钢板铺设,钢板上的突棱高度不小于 2mm,或在桥面按照一定间距布设横向螺纹钢筋以抗滑。

(4)为保证桥上施工人员的安全,栈桥桥面钢板安装好后,栏杆安装应与工作面施工同步进行,并应根据需要在栈桥一侧设置向外凸出的矩形平台,用于设置配电箱、消防、救生设备等,如图 4-22 所示。

在施工期,应定期或不定期对栈桥进行检查与维护,不得将栈桥作为船舶系缆的桩柱或锚固设施,按照主管部门的批复在通航施工区域设置通航保障设施。

(5)栈桥应设置满足施工安全要求的照明设施,夜间设有临边警戒设施,如图 4-23 所示。

图 4-22　栈桥凸出平台示范图

图 4-23　栈桥夜间警示照明图

(6)通过栈桥的电缆线须绝缘良好,并固定在栈桥一侧绝缘电缆支架上;配电箱、消防、救生设备等应外挂设置,避免占用桥面通行空间。

(7)栈桥应设置必要的交通标志、警示告知标志,如限速、限重标志,护栏两侧设置"注意安全、当心坠落"等安全警示标志;并配备应急救援装备,如麻绳、救生衣、救生艇等救生装置以及灭火器等消防器材;救生圈的设置间隔建议不超过50m,护栏两侧错开布设。

4.3 临时用电安全管理

高速公路工程施工中,电是重要的能量来源之一,带动着大型机械设备运转,渗透在参建者生活的方方面面之中,临时用电贯穿在大多数的工程与工序之中,管理不到位不仅会烧毁电器设备、引起机械故障,降低生产效率,还会造成触电事故、机械伤害、高处坠落、物体打击、中毒窒息(隧道)等事故的发生。因此,临时用电安全管理是高速公路工程施工作业安全管理的重中之重。

4.3.1 临时用电组织设计

施工临时用电设备在5台及以上,或设备总容量在50kW及以上时,应编制临时用电施工组织设计。对于拌合站、钢筋加工厂及预制场作业区,大桥、特大桥梁作业区,长隧道、特长隧道作业区,施工单位应编制专项用电设计,并编制施工现场临时用电组织设计。

临时用电组织设计及变更时,必须履行"编制、审核、批准"程序,由电气工程技术人员组织编制,经相关部门审核及施工企业的技术负责人批准后实施。变更用电组织设计时应补充有关图纸资料。临时用电工程必须经编制、审核、批准部门和使用单位共同验收,合格后方可投入使用。

在工程项目开工前,施工单位应围绕施工组织设计,结合工程量及其分布情况、所配备机械设备的功率与型号、变配电情况,统筹制定临时用电组织设计。

施工现场临时用电组织设计应包括下列内容:
(1)现场勘测。
(2)确定电源进线、变电所或配电室、配电装置、用电设备位置及线路走向。
(3)进行负荷计算。
(4)选择变压器。

(5)设计配电系统:

①设计配电线路,选择导线或电缆;

②设计配电装置,选择电器;

③设计接地装置;

④绘制临时用电工程图纸,主要包括用电工程总平面图、配电装置布置图、配电系统接线图、接地装置设计图。

(6)设计防雷装置。

(7)确定防护措施。

(8)制定安全用电措施和电气防火措施。

临时用电工程图纸应当单独绘制,临时用电工程应当按图施工。

4.3.2 外电线路

桥梁桩基、墩柱、桥面系施工过程中和预制场、钢筋加工厂生产中存在大量的外电线路,通过三级配电输送电能。高速公路工程施工外电线路安全管理的重点:一是施工作业架设的外电线路与周边建(构)筑物应保持安全距离,二是施工作业活动与周边已存在建(构)筑物保持安全距离,以避免触电事故的发生。外电线路安全管理的要点如下:

(1)外电架空线路的最小安全距离范围内不得搭设作业棚、建造生活设施或堆放构件、架具、材料及其他杂物。

(2)在建工程(含脚手架)的周边与外电架空线路的边线之间、施工现场的机动车道与架空线路交叉时、起重机与架空线路边线之间、防护设施与外电线路之间的最小安全距离必须符合表4-1～表4-4的规定。

在建工程(含脚手架)的周边与架空线路的边线之间的最小安全操作距离　　　　表4-1

外电线路电压等级(kV)	<1	1～10	35～110	220	330～500
最小安全操作距离(m)	4.0	6.0	8.0	10	15

施工现场的机动车道与架空线路交叉时的最小垂直距离　　　　表4-2

外电线路电压等级(kV)	<1	1～10	35
最小垂直距离(m)	6.0	7.0	7.0

起重机与架空线路边线的最小安全距离　　　　表4-3

电压(kV)		<1	10	35	110	220	330	500
安全距离(m)	沿垂直方向	1.5	3.0	4.0	5.0	6.0	7.0	8.5
	沿水平方向	1.5	2.0	3.5	4.0	6.0	7.0	8.5

防护设施与外电线路之间的最小安全距离　　　　表 4-4

外电线路电压等级(kV)	≤10	35	110	220	330	500
最小安全操作距离(m)	1.7	2.0	2.5	4.0	5.0	6.0

（3）防护设施与外电线路的安全距离无法满足时，必须与电力部门协商，采取停电、迁移外电线路或改变工程位置等措施保证安全。

（4）起重机作业时严禁越过无防护设施的外电架空线路，上、下脚手架的斜道不宜设在外电线路的一侧。

（5）现场开挖沟槽的边缘与埋地外电缆沟槽边缘之间的距离不得小于 0.5m。

（6）在建工程的高压线未拆改以前，在其周边作业时，必须树立醒目的"高压危险"等警告标志，并应当设立安全限界隔离警示护栏等围蔽设施。

（7）当与高压线的距离达不到规定的安全距离要求且其他途径无法解决时，必须采取可靠的专门绝缘措施予以隔离防护，该隔离方案应当经过相关专家评审通过，并由相关的电力部门予以实施；防护设施顶面必须采用竹、木或其他绝缘材料搭设，宽度应超过架空线路两侧各 0.75m 以上，长度应超过横跨道路两侧各 1.0m 以上，并悬挂醒目的"高压危险"等警告标志。

4.3.3　配电系统

施工现场的低压配电系统宜采用三级配电，所谓三级配电是指从电源的进线开始，依次经由三级配电装置配送电力，即设置总配电箱（一级箱）或由配电室的配电柜开始，经由分配电箱（二级箱）、末级配电箱（三级箱）到用电设备，分三个层次逐级实现配电的方式。三级配电系统结构如图 4-24 所示。

（1）配电室

合理的设置配电室可提高供电保障的可靠性，增强总配电箱的安全防护性能。配电室的位置应结合施工现场的实际状况，按照靠近电源、方便检修和维护、接近负荷中心、进出线方便、周边道路畅通、设备安装进出方便、周围环境潮气少、无易燃易爆物等原则综合考虑确定。

配电室的布置主要是配电柜的空间排列，配电柜正面的操作通道宽度、后面的维护通道宽度、侧面的维护通道宽度均应符合安全距离要求。配电室内设值班室或检修室时，其边缘距配电柜的水平距离大于 1m，并采取屏障隔离。高速公路工程大型预制场、钢筋加工厂、拌合站均应设置配电室，其建筑安全性应满足以下要求：

为了施工安全，应坚持"分级分路、动照分设、压缩配电间距、环境安全"的基本原则建立配电系统,主要包括配电室、(露天或半露天)变电所和自备电源的安全管理。

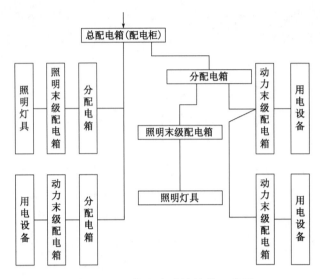

图 4-24　三级配电系统结构示意图

①配电室天棚的高度为距离地面不低于3m。

②配电室的门向外开,并配锁,以防止闲杂人员随意出去。

③配电室应设有保温隔层及防水、排水措施。

④配电室门窗能够自然采光和通风,保证电气设备散热条件。

⑤配电室内应配有用于扑灭电气火灾的灭火器。

(2)露天或半露天变电所

露天变电所是指变压器位于露天地面上的变电所,半露天变电所是指变压器位于露天地面上,但变压器的上方有顶板或挑檐。供电容量小的大多采用露天式变电所,变压器及其附属设备安装在户外电杆或者地面墩台上,投资少,设备简单。露天式变电所的安装形式,一般有杆上式和地上式(墩台上)两种形式。高速公路工程施工,两种形式的变电所都采用,其安全管理的重点如下:

①变压器的引线及电缆连接时,电缆及其终端头均不应与变压器的外壳直接接触。

②杆上变压器的所有高压引线均应使用绝缘导线,所用的铁件均为镀锌件。

③地上变压器周围应装设围栏或砌筑围墙,高度不低于1.7m,并与变压器外廓保持不小于2m的净距。当变压器周围建筑物或设施的安全距离不能满足规范要求时,必须采取外电防护措施。

④杆上或地下变压器的周围,应在明显部位悬挂安全警示标志。

(3) 自备电源的设置

自备电源是指施工现场因外电线路停止供电或电力供应不足,而安装设置的发电机组,作为外电停止供电的接续电源。

高速公路施工现场,尤其是远离城镇、居民区的涵洞、桥梁施工,无法连接到外电线路,自备电源是主要的动力来源。因此,发电机组及其附属设施是安全管理的重点。施工项目应结合工程施工条件,明确发电机组的用途,是常用、备用、还是应急使用,掌握用电设备的数量和功率,合理选择自备发电机组。

施工现场自备电源的电压一般为230/400V,是发电机组的额定电压,也是用电设备的额定电压。在生产中,应综合考虑线路电压损耗、线路首端电压、线路末端电压等因素,确定自备电源的电压,以保障设备生产安全。

施工现场发电机组自备电源的安全管理要点如下:

①发电机房宜利用自然通风排除发电机间的余热,必要时采用机械通风。

②为了防止火灾事故的发生,发电机及其周围地区严禁存放储油桶等易燃易爆物品,尤其施工现场附近是林场等地。

③发电机机组内外应严禁烟火,配置可用于扑灭电气火灾的灭火器,消防器材应便于取用,并张贴清晰、醒目的安全警示标志。

④公路工程施工经常是风餐露宿,如在发电机组附近经常搭设临时帐篷时,炊饮与取暖应严禁明火。

⑤长时间使用的发电机组,应设置防雨水的帐篷,并围挡锁门。

施工现场的发电机组可能出现漏电、短路、过负荷、接地等保障,为了保障用电安全、可靠,应设置相适应的电气装置和系统保护装置。

在施工中,常常需要保障施工用电的连续性与稳定性,而设置发电机组作为备用电源,那么处理好外电线路与发电机组之间的电气联络与电气互锁是非常必要的,也是安全管理的重点。当外电线路停电时,联络开关应能够首先断开外电线路,再接通自备电源,继续向配电系统供电;当外电线路来电时,联络开关断开自备电源后,才能接通外电线路向配电系统供电。

4.3.4 用电防护

为了保证供电系统安全、可靠运行,对系统运行过程中可能出现的漏电、短路、过负荷、接地等故障进行保护,在系统中设置一些与保护要求相适应的电气装置和系统保护措施。配电系统上安装电气保护装置,不仅可保护配电系统,更重要的是保护用电过程中人和财产的安全,特别是防止人体触电和电气火灾事故的发生。高速公路工程施工生产中常用的保护系统有接地保护系统、漏电保护系统、过负荷保护系统、短路保护系统等。

(1)接地保护系统

在低压电力系统中,为防止因绝缘损坏、电气设备正常不带电的外露导电部分故障带电对人体造成触电伤害,以及电火花点燃易燃易爆物引起的电气火灾,通常需要将电气设备的外漏可导电部分(金属外壳、基座、构架等)接地,组成接地保护系统。

高速公路工程施工生产中,电焊机、钢筋加工设备等设备的接地保护非常重要。按照配电系统和电气设备的接地不同,接地保护主要有IT、TT、TN三种形式,其中TN系统又有TN-S、TN-C、TN-C-S三种形式。

IT系统突出特点是不要求配出中性导体,非常不安全,不适用于施工现场。

TT系统是低压断路,但断路器不一定跳闸,造成漏电设备的外壳对地电压高于安全电压,危险电压容易造成触电事故。此外,TT系统接地装置耗用钢材多,而且难以回收、费工费时、费料,施工现场采用可靠性低。

TN系统是将电气设备的外漏可导电部分通过保护导体(PE)与电源的中性线连接形成的接地保护系统,又称为"接零保护系统"。其中TN-C系统中三相不平衡电流大,电气设备的外漏可导电部分带电,易发生触电事故,施工现场不适用。TN-S系统可设在塔式起重机、施工升降机、混凝土搅拌站等大型施工机械设备末级配电箱处。

(2)漏电保护系统

在施工现场用电系统中,电气设备和配电线路的绝缘因受潮、受高温、被腐蚀和机械损伤而部分或全部丧失绝缘性导致漏电,其中短路漏电是最严重的漏电故障。

总配电箱、末级配电箱应装设剩余电流保护器,分配电箱宜分别装设剩余电流保护器,构成两级或两级以上的漏电保护系统,且各级剩余电流保护器的动作电流值与动作时间协调配合,实现具有选择性的分级保护。

为达到分级、分段漏电保护的要求,选择上下级剩余电流保护器的额定动作电流和上下级分段时间,并遵循以下原则:

①末级配电箱中的剩余电流保护器的额定动作电流不应大于30mA,分段时间不应大于0.1s。

②当分配电箱中装设剩余漏电保护器时,其额定动作电流不应小于末级配电箱剩余电流保护值的3倍,分段时间不应大于0.3s。

③总配电箱中装设剩余漏电保护器时,其额定动作电流不应小于分配电箱中剩余电流保护值的3倍,分段时间不应大于0.5s。

④配电系统设置多级剩余电流保护时,每两级之间应有保护性配合。

(3)过负荷保护与短路保护系统

过负荷保护和短路保护是配电系统的重要保护措施,也是最基本的保护措施,其可以有效保障配电系统安全稳定运行,延长设备使用寿命,避免发生变配电装置和用电设备过热运行导致烧损等严重故障。

配电系统过负荷是指系统线路或用电设备的负载过重,造成其实际工作电流超过了设计规定值。在施工现场,最常见的是配电装置和配电线路上接入了容量超过设计规定值的用电设备而造成过负荷。

配电系统短路时值配电线路或用电设备在运行过程中因绝缘性能丧失或降低等原因导致通过线路或设备的电流突然剧增而线路或设备中的电流迅速达到某种极限值的状态。在高速公路工程施工现场,线路或设备绝缘老化、损坏造成不同相导体之间或相导体与中性导体或"地"之间的导电体连接造成短路。

在高速公路工程施工现场,配电系统的总路与分路均应设置过负荷与短路保护装置,在总配电箱、分配电箱的总路和各分路中都要设置断路器或熔断器等具有过负荷与短路保护功能的电器。施工现场配电系统的三级配电装置均应安装设置断容器或熔断器等具有过负荷与短路保护功能的电器。为了预防配电系统发生过负荷与短路故障,应采取以下预防措施:

①做好过负荷与短路电流的计算工作,正确选择保护动作额定电流值,过负荷与短路保护应与被保护用电设备及线路相适应。

②安装设备避雷保护系统,预防和减少雷击损害。

③严格按照有关安全操作规程进行作业,严禁超载运行、过负荷运行。

④做好配电线路的防护工作,严防配电线路及装置受损导致故障。电缆埋设部位应设置标记,动土作业时应派专人监控看护,防止电缆受损。

⑤做好过负荷与短路故障维修器材的应急储备工作,确保快速及时修复故障,恢复保护功能,恢复正常供电。

4.3.5　配电装置

配电装置是配电系统中电源与用电设备之间传输、分配电力、提供电气保护的装置,是联系电源和用电设备的枢纽。施工现场的配电装置主要是指施工现场临时用电工程系统配电系统中设置的总配电箱、分配电箱和末级配电箱。

在施工生产中,与配电室、供电线路相比,作业人员更易接触到配电箱,因此配电箱是施工现场临时用电工程系统中的重要环节。配电箱中各种元器件的设置是否正确、使用维护是否得当,直接关系到配电系统各部分的电气安全,关系到现场人员的人身安全。

(1)施工现场配电箱安全性应符合以下要求:

①配电箱宜采用钢板或优质绝缘材料制作,箱体表面应做防腐、防锈处理。

②配电箱内电器应先安装在金属或非木质阻燃绝缘电器安装板上,然后方可整体紧固在配电箱体内。

③在配电箱内设置电器安装板,并设置作用于中性导体、保护导体接线的 N、PE 接线端子板。

④户外安装的配电箱应使用户外型,其防护等级不应低于外壳防护 IP44。

(2)施工现场配电箱中常用电器主要有隔离开关、低压断路器、漏电断路器等,其选择可参照以下原则:

①选用透明壳有可见分断点,具有隔离功能的断路器代替 HD 系列刀开关、HR 系列开关等隔离开关。

②选用具有良好的灭弧性能,既能在正常工作条件下切断负载电流,又能在发生短路故障时自动切断短路电流,靠热脱扣器能自动切断过负荷电流的低压断路器。

③选用集漏电保护、过负荷保护、断路保护、电源隔离功能为一体的,透明壳漏电保护器。

(3)在施工生产中,配电箱的安全管理要点如下:

①各级配电箱均应有名称、用途、分路标记,及内部电器系统接线图,以确保准确操作开关电器。

②各级配电箱均应配锁,并由专人负责开启和锁闭。

③对配电箱进行维护、检查等作业时,应采取停电、验电、放电、装设临时接地线、悬挂警示标示牌、锁闭箱门、专人看护等措施,严禁带电作业。

④配电装置的停送电应坚持"逐级操作"的原则,以便于发现隐患或故障。送电顺序为:总配电箱→分配电箱→末级配电箱;停电顺序为:末级配电箱→分配电箱→总配电箱。

⑤配电箱内的电器配置和接线严禁随意改动。

⑥配电箱应设置在干燥、通风及常温场所,不得设置在易受外来固体撞击的场所。

4.3.6 配电线路

配电线路主要是指连接配电装置和用电设备,传输分配电能的供电线路。

在高速公路工程施工生产中,应结合施工现场规划和布局情况,在满足安全要求的条件下,合理选择施工现场配电线路路径。此外,还应避开过热、腐蚀以及存储易燃易爆物的仓库等影响路线安全运行的区域,避开易遭受机械性外力的交通、吊装、挖掘作业频繁场所,以及河道、低洼、易遭受雨水冲刷的地段,并不要跨越在建工程、脚手架、临时构筑物等。

在确定了路径之后,应根据施工现场环境特点,以满足线路安全运行、便于维护和拆除的原则来选择配电线路的敷设方式。可采用架空、直埋、沿支架等方式进行敷设,但不应敷设在树木上或直接绑扎在金属构架和金属脚手架上,也不可接触潮湿地面或热源,并避免受到机械性损伤或其他损伤。

此外,电缆的选择对施工安全也很重要,应根据敷设方式、施工现场环境条件、用电设备负荷功率及配电距离等因素进行选择,可参照如下原则:

(1)低压配电线路截面的选择和保护应符合现行国家标准《低压配电设计规范》(GB 50054—2011)的有关规定。

(2)低压配电系统的接地形式采用 TN-S 系统时,单根电缆应包含全部工作芯线和用作中性导体(N)和保护导体(PE)的芯线。

(3)低压配电系统的接地形式采用 TT 系统时,单根电缆应包含全部工作芯线和用作中性导体(N)的芯线。

不同方式的电缆敷设,优点对照表如表 4-5 所示。

电缆敷设方法对比表　　　　表 4-5

序号	电缆敷设方法	敷设要点	优(缺)点
1	直埋电缆	直埋线路宜采用有外保护层的铠装电缆,芯线绝缘层进行标识;在地下管网较多,有较频繁开挖的地段不宜直埋敷设电缆	投资少、易散热,不易受损,施工方便,安全性高,施工完毕挖出可继续使用
2	支架、吊索敷设	电缆敷设在金属支架上时,金属支架应可靠接地,当金属支架上安装绝缘子固定电缆时可不做接地,电缆线路应固定牢固,绑扎线使用绝缘材料	电缆易老化,还受自重、风荷载、雨雪荷载等的影响,易损坏
3	沿墙面或地面敷设电缆线路	电缆应敷设在人不易触及的位置,敷设路径应有醒目的警告标志	穿越道路或其他设施易受机械损伤
4	电缆沟内敷设	由电缆沟沟壁、盖板及其材质构成,应满足承受荷载和适合现场环境耐久的要求。电缆沟应有排水措施	维护受作业空间限制,较为不便
5	临时设施室内配线	明敷线路应采用护套绝缘电缆或导线,且应固定牢固,塑料护套线不应直接埋入抹灰层内敷设;在穿越楼板或墙壁时应采用绝缘保护管保护	施工方便,维护方便

此外,电缆的敷设应有接地装置,结合事故现场实际情况,合理选择人工接地体和自然接地体。其中变压器中性点接地的接地电阻值不应大于 4Ω,TN-S 系统重复接地电阻值不宜大于 10Ω,防雷接地装置的冲击接地电阻值不得大于 30Ω,发电机中性点接地电阻值不应大于 4Ω。

高速公路施工现场如位于山区或多雷地区,变电所、箱式变电站、配电室应装设防雷装置,高压架空线路及变压器高压侧应装设避雷器。

第5章

施工现场安全管理

高速公路工程包括路基工程、路面工程、桥梁工程、隧道工程以及交安工程、机电工程、绿化工程等单位工程，各单位工程施工专业性强，施工工艺差异大，施工风险不同，安全生产管理的要点不同。

本章着重介绍了各单位工程施工的特点和对应的安全管理要点，为强化施工现场安全管理，落实安全生产管理措施和技术保证措施，预防安全生产事故的发生提供支撑。

5.1 路基工程

路基是经过开挖或填筑而形成的土木构筑物，是路面的基础，承受路面结构、机动车辆传递的荷载，同时将荷载向地基深处传递与扩散，其质量的好坏会直接或间接影响路面行车的舒适性与安全性。在平面上，路基与桥梁、隧道等结构物连接组成完整的路线。公路工程施工中，路基的施工数量多、占地面大，占有重要的地位。在黄土地区，针对路线土质的特点，选取相应的工艺进行施工作业。

5.1.1 路基工程施工特点

路基工程施工是沿着设计文件选定的路线，在清除地表后进行施工作业，施工作业改变了原有的地表状态，形成路基，因此路基施工具有以下特点：

(1)路线长。路基工程的子分部工程一般以3km为单元进行划分，特殊路基为一个独立的分项工程，新建高速公路路基短则几十公里，长则数百公里，路线长使得工程量大。

(2)工作面广。为了按照施工计划如期完成工程项目，一般在不同的分项工程同时进行施工作业，工作面分布在高速公路沿线上。施工作业点多、间距远造成项目安全管理难度大。

(3)施工难度大。路基施工需要大量的开挖、填筑作业，施工初期道路通行条件有限，运输量大，许多作业面在深山之中或半山坡，机械设备难以到达，造成施工作业难度大。

(4)受自然条件影响大。降水对路基施工的影响最大。由于施工便道多数坡度大、未硬化，降水会影响便道通行，甚至会冲刷毁坏便道；此外，还会影响路基填筑、碾压等施工作业。

5.1.2 路堤和路堑施工安全管理

随着工业化的发展,填方路堤和挖方路堑的施工以推土机、铲运机、自卸汽车等大型机械配合施工为主,机械自动化作业代替人工作业很大程度地降低了施工风险,但施工周期长、环境复杂多变、施工工艺多样化,施工风险依然很大。

(1)挖方路堑

在黄土地区,路堑是由天然土壤构成,地表由天然黄土堆积而成,其下方可能具有复杂的地质构造,且开挖后裸露于大气中,易受自然和人为因素的影响,容易发生变形和破坏,造成施工安全事故。路堑的稳定性与施工方法有着密切的联系,开挖的深度和纵向长度对施工安全的影响较大,尤其是路堑高边坡;其次,施工土方的调配、开挖机械设备状况等因素也影响施工安全。挖方路堑施工的工艺流程如图5-1所示。

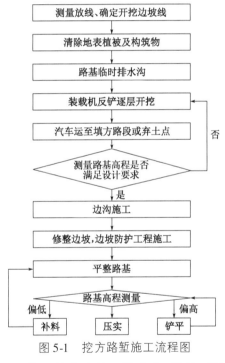

图5-1 挖方路堑施工流程图

由图5-1可知,路堑开挖作业是安全管理的难点,平整、碾压路基和土方运输作业危险性相对较小,本小节仅介绍施工作业安全管理的关键点,机械设备的安全管理在后续小节进行介绍。

①开挖作业安全管理的重点如下:

a. 开挖作业前,应了解黄土的基本参数、地下水的情况,查清地下埋设的管道、电缆、光缆以及文物古迹的位置,掌握周边架空线的高度,并加设标记,必要时设置防护栏杆。

b. 水对黄土的稳定性影响较大,新、老黄土接触面易发生滑动。因此,在滑坡路段进行开挖作业,应从滑坡体的两侧向中间自上而下进行,且弃土不得堆放在主滑坡区。

c. 由于路基施工周期长,黄土路堑边坡开挖后如进入冬休季节,无法及时施作防护工程或边坡设计方案为植被防护,应进行覆盖围挡,并进行警示告知。某高速公路路堑高边坡在冬季进行防护,如图 5-2 所示。在第二年春融季节复工生产时,应进行安全检查,查看边坡是否有裂缝、剥落、渗水等情况,如存在长大裂缝,加强研判,复核复工施工方案的可行性。

图 5-2　覆盖围挡已开挖的路堑边坡

d. 为确保开挖施工中及竣工后能顺利排水,土方的开挖应做好截水沟,引走可能影响边坡和路基稳定的地面水和地下水,尤其是湿陷性黄土地区,应掌握地下水及周边灌溉用水的情况。

e. 开挖作业中,及时掌握天气预报信息,有连续降雨或强降雨时,做好预防应对准备工作,必要时用土工布或工程塑料布覆盖,以防雨水浸泡坡脚或冲刷边坡,造成滑塌、坍塌事故。雨后复工时,应详细查看施工现场的情况,如发现滑动、崩塌迹象,应暂停施工。

f. 对于湿陷性较大的黄土路段,可埋设传感器进行监测或应用北斗卫星系统建立长期沉降、位移观测站,以便科学指导施工。

②平整与碾压作业安全管理的关键点如下:

a. 对于全纵断面深挖的路基,不仅应注意平地机、碾压机等施工车辆安全距离,还要避免机械车辆同时作业引起共振,造成上边坡土体的松动、滑塌,进而造成生产安全事故。

b. 对于半填半挖的路基和仅有一侧为开挖路堑边坡时,应加强临边安全防护管理,一是车辆回转不要停靠在临边未经碾压的土体路基上,二是车辆应与路基边缘保持一定的安全距离。

③运输作业安全管理的重点如下：

施工作业前，依据施工进度和施工组织设计，确定施工方案。在施工方案中，应根据工程量确定施工生产所需的运输车辆的类型和数量，并明确车辆的运输路线、排队等候方案等关键内容。同时，应在施工车辆运输路线交叉路口、转弯、下坡等路段设置有关安全警示告知标志。

(2) 高填方路堤

路堤是指路基顶面高于原地面的填方路基，在结构上分为上路堤和下路堤，上路堤是指路面底面以下的0.7m范围内的填方部分，下路堤是指上路堤以下的填方部分。

随着工业的发展和社会的进步，路基填筑材料的种类也走向多样化，尤其是受节能环保要求，固废材料再利用在公路领域的应用也越来越多，如铁尾矿山、煤矸石等，但传统的土、石仍是最常用填筑材料，施工难度也是最大的，本小节仅以土石填筑进行论述。

路堤是在天然地面上用土或石填筑的具有一定密实度的线路建筑物，在自重及车辆荷载作用下会产生压密沉降，在车辆动荷载的长期重复作用下会产生累积沉降。黄土具有一定的压缩性，沉降是黄土路堤最大的病害，为保证路堤在施工中和运营期的稳定性，应结合填方高度采取不同的施工工艺，如表5-1所示。

填方路堤施工工艺表 表5-1

填方高度 H(m)	一般采用的工艺
$H<8$	清除地表土后，对地表层碾压密实
$8<H<15$	原地面进行重夯，严格把控单点夯击能和平均夯沉量
$H>15$	原地面进行重夯，严格把控单点夯击能和平均夯沉量
$H>20$	原地面进行常规碾压外，每填高4～5m进行一次强夯增强补压

注：路堤地下水发育路段，设置碎石盲沟引排地下水或在路堤底部填筑透水性良好的材料，同时碾压密实。

高填方路堤施工一般采取横断面全宽、纵向分层填筑的方法施工。填料采用挖掘机配合自卸车运输，推土机、平地机进行摊铺，分层填筑，振动压路机碾压，按照"三阶段、四区段、八流程"作业法进行均衡施工，使挖、装、运、卸、压等工序紧密衔接连续作业，避免施工干扰、交叉施工造成生产安全事故。

其中，"三阶段"为准备阶段、施工阶段、验收阶段；"四区段"为填筑区、平整区、碾压区、检验区，"八流程"为施工准备、基底处理、分层填筑、摊铺平整、碾压夯实、检验签认、路基整形、边坡修整，施工过程的程序关系如图5-3所示，施工工艺流程图如图5-4所示。

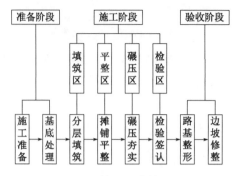

图 5-3　施工程序关系图

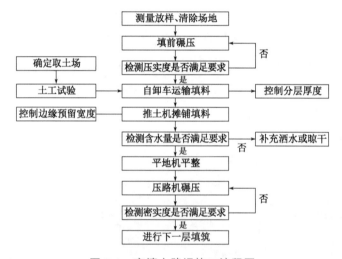

图 5-4　高填方路堤施工流程图

由图 5-3 和图 5-4 可知,机械配合施工是高填方路基施工时施工危险性较大的环节,施工过程可参见图 5-5、图 5-6,安全管理要点详细如下:

图 5-5　分层填筑、碾压示范图

图 5-6　现场安全管理示范图

①取土过程中,如发现滑动、崩塌等危及施工安全的迹象时,应暂停施工,撤出人员和机具,并根据实际情况修改调整施工方案和安全措施。

②路基填筑前,掌握地下水情况,查清地下管线和有毒有害气体的情况,并进行标记,设置防护围挡和警示标志。

③作业人员配合机械设备进行清底、平地、修坡作业时,机械操作人员应与机下作业人员密切配合,必要时设专人进行指挥。

④在施工方案中明确土石方运输车辆的运输路线,明确运输车辆限载重量、行车速度、施工现场行车安全间距等关键内容。

⑤在临边临崖等危险路段设置明显的安全警示标志,悬挂彩旗等进行围挡,并设专人指挥倒土、碾压等作业,尤其是在存在驾驶视线盲区的部位施工。

(3)强夯施工

黄土的湿陷性、膨胀性是对路基质量安全影响最大的因素,可采用强夯、换填、灌浆等方法进行处理,其中强夯是最常采用的方法。

强夯法即强力夯实法,又称动力固结法,利用大型履带式强夯机将8~30t的重锤从6~30m高度自由落下,对土进行强力夯实,迅速提高地基的承载力及压缩模量,形成比较均匀的、密实的地基,在地基一定深度内改变了地基土的孔隙分布,具有工期短、效果好、造价低等优点,因此在公路工程领域被广泛使用。

强夯施工作业安全管理的要点如下:

①应根据施工地区土工试验的结果,选用合适功率的强夯机。在施工前,全面检查强夯机的臂杆、脱钩器、夯锤、起重索具、液压系统、油路等主要构(部)件进行检查,确保符合规定,确保安全可靠、操作灵敏后再投入使用。

②强夯机作业场地应平整、坚实,门架底座与夯机着地部位应保持水平,以防夯机倾倒造成人员伤亡。

③当强夯作业可能影响周围建(构)筑物时,应采取必要的隔震措施,过程中加强观察,发现问题及时处理。

④为避免强夯时飞溅的土石伤害设备设施或作业人员,强夯作业区应用警戒围挡的方式进行管理,由专人统一指挥,设置明显的安全警示标志。

开展强夯作业时,强夯机50m范围内禁止闲人靠近,吊臂和夯锤下15m范围内不得站人,避免发生物体打击事故,如图5-7、图5-8所示;如靠近县乡道路,应采用隔离措施。

⑤强夯机在移动、伸臂过程中,要与周边高低压电线路保持一定的安全距离,避免挂断线路,造成触电事故的发生。

⑥夯机工作时,起重臂仰角应置于70°左右;作业后,应将夯锤放在地面上,严禁悬

挂在半空中。如工作过程中，因积水、黏土对锤底产生的吸附力太大，无法有效提锤，应采取措施排险，进行强行提锤。

图5-7　强夯作业区安全告知示范图

图5-8　强夯作业区围挡警戒示范图

⑦现场的油料应集中放置，设置明显的"禁止烟火"的安全警示标志，并配备灭火器等消防器材，由专人看管，避免发生火灾。

⑧遇六级以上大风天气、雷雨天气以及能见度低时，应停止强夯施工作业，作业人员撤离在安全区域。

5.1.3　防护工程施工安全管理

路基防护工程主要是为保证路基的稳定，改善环境，保护生态平衡，包括边坡坡面防护和沿河河堤河岸冲刷防护两种类型，可采用植被、工程防护等类型，详细内容如图5-9所示。

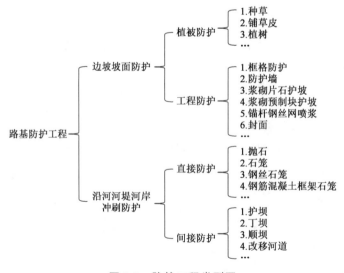
图5-9　防护工程类型图

黄土地区,为预防边坡冲刷,浆砌片石、框架梁锚索、植被防护是常采用的防护形式。路堑高边坡施工危险性较大的施工作业,其可能与路基施工作业或其他运输作业同时进行,交叉作业带来的安全风险较大。为避免路堑高边坡施工作业造成生产安全事故,施工作业可参见图5-10。

图5-10 路堑高边坡防护工程施工示范图

不同类型防护方法,施工安全管理的要点略有差异,本书仅介绍坡面防护工程施工安全风险管控要点,详细如下:

(1)作业平台搭拆及使用维护

黄土地区,防护工程施工危险性较大的是多级防护工程,如图5-11所示,可能发生物体打击、车辆伤害、机械伤害、触电、火灾、高处坠落、坍塌等事故。施工过程中,常规的作业平台为脚手架(沿河路基防护工程除外)。

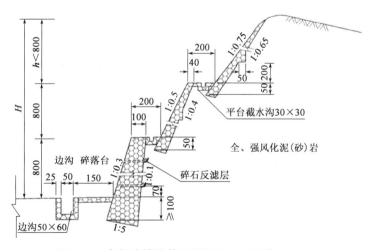

图5-11 多级边坡防护示例图(尺寸单位:cm)

由图5-11可知,多级边坡的分级高度一般为8m,平台的宽度为2m,而防护工程的施工作业平台多设置在图5-11中所注的平台处,因此搭设脚手架的空间比较有限,又是高

处作业,给施工安全造成一定的影响。作业平台及上下通道的安全管理要点如下:

①对于高度超过20m的脚手架,应编制专项施工方案,并根据情况组织专家进行论证,委托专业人员进行搭设与拆除作业。

②搭设、拆除脚手架时,必须设置警戒区,设专人指挥,禁止无关人员靠近。

③脚手架在使用期间,应确保主节点处的纵横向水平杆、纵横向扫地杆、固定连接件牢固,不可随意改变脚手架的结构和用途;在施工过程中,若发现有异常情况,应及时进行检查,确认安全稳定后方可使用。

④脚手架拆除过程中,严禁向下抛拆下的材料、构配件,应用绳索捆绑牢固缓慢下放,或用调运方法运送至地面。

⑤遇风(六级以上)、雨、雷电天气时,应停止在脚手架上作业;雨后上架作业时,务必做好防滑措施。

(2)物料提升系统与人员上下通道

采用锚杆格梁或锚索格梁防护的坡面,需要提升运输钢筋、混凝土等材料,尤其是没有施工便道通往坡顶的项目,一般采用泵车或者吊车进行混凝土浇筑,其他机具材料一般采用人工肩挑手搬至施工作业面。人工运输物料不仅施工安全风险大,而且劳动效率低;此外,租用吊车费用昂贵。近年来,研发出脚手架轨道式物料提升机,并在高边坡工程施工中得到广泛的应用。

脚手架轨道式物料提升机由卷扬机、脚手架轨道、物料提升轨道车、手推车等组成。卷扬机安放在高边坡顶端平稳处,用混凝土浇筑的底座上,依靠脚手架搭建的轨道系统运输施工物料。

对于高边坡防护工程施工,为了预防施工机具坠落、作业人员高处坠落等生产安全事故,应将物料提升系统与人员上下通道分开布设,布设情况可参照图5-12进行实施。

图5-12　物料提升系统与人员上下通道分开布设示例图

为了提升系统运转安全,应在轨道车上安装行程开关,卷扬机上安装限速装置;当轨道车运行超过规定行程或运行速度超过设定速度时,卷扬机自动停止运行并刹车。此外,应配备专职司机操作卷扬机,使用对讲机与坡脚装料人员、半坡中卸料人员进行沟通,发现异常情况及时采取相应的措施。

(3)作业人员及施工作业

高边坡防护工程施工属野外高处作业,高处坠落、物体打击是主要防控的风险,作业人员在作业前应佩戴安全帽、安全绳、安全带、防滑鞋等安全防护用品,以防发生意外事故。

对于含沙量较高的黄土具有滑动、崩塌施工风险,常采用框架梁、打锚杆、锚索的设计方案进行处置,该类型的施工方法施工难度大、危险性高、施工组织复杂、工具多样化,安全管理要点如下:

①施工时,作业人员必须配备两根安全绳双保险。

②做好设备设施安全检查,对钻机、灌浆机、卷扬机、张拉工作油泵、千斤顶、搅拌机、钢丝绳等工具进行试运转检查,确保设备运转良好。

③选择合适的路径并清除所有障碍物后再进行穿索作业,抬索过程中所有作业必须听从指挥,不得擅自离岗。

④张拉千斤顶及其他施工材料的吊装,应确保吊装设备的可靠性,防止吊装过程中发生倾倒、坠落。

⑤张拉作业前,在作业区设置警戒区,并设专人指挥,禁止无关人员进入;每束锚索张拉前均应检查油泵安全阀是否调整至规定值。

(4)其他

关于高边坡防护工程施工,除了上述安全管理措施,还应落实以下管理措施,以强化施工人员的安全意识,提升施工安全水平。

①对于地质不良路段的防护工程或路堑高边坡防护工程施工,应制定专项施工方案,并严格按照施工方案进行作业。

②对于多级防护边坡,应由上而下进行施工作业,在每一级平台上搭设作业平台,设置临边防护。

③作业区下方设置警戒围挡区,禁止非作业人员进入,以避免边坡施工作业与路基施工作业相互干扰,造成生产安全事故。

④为避免夜间作业车辆驶入作业区,在警戒区设置爆闪灯或夜间照明。

⑤为预防物体打击事故的发生,必要时应在作业区下方设置水平兜网。

5.1.4 排水工程施工安全管理

路基排水设施包括地表排水设施和地下排水设施两大类。地表排水设施是将可能停滞在路基范围以内的地面水迅速排除到路基以外,并防止路基以外的地面水流入路基范围,以免下渗浸湿路基土体或形成漫流冲刷路基边坡,包括边沟、截水沟、排水沟、跌水与急流槽、拦水带、蒸发池等;地下排水设施是根据水文和地质条件修筑于地面以下一定深度,用来截断、疏干、引出地下水或降低地下水位,以使路基及边坡保持干燥状态的设施,包括排水沟、暗沟(管)、渗沟、渗井、检查井等。

通常情况下,边坡排水工程施工与防护工程施工同时进行,高处作业、材料运输等施工机具共用,安全管理要点类似,本小节不再重复论述。但路基工程的施作可能会破坏地表天然排水系统的平衡,如跌水、蒸发池、拦水带等排水设施的施工可能在公路建筑界限之外,在没有施工便道、杂草丛生的环境中,施工难度较大,本小节仅论述防护工程中未提及的安全管理要点。

路基工程施作会破坏地表天然排水系统的平衡,因此在雨季或汛期施工时,应先做好临时排水工程的施工,尤其是改扩建高速公路工程项目,以避免降水影响到已完成的路基工程或原路基的质量安全,甚至造成施工机具的冲毁或施工人员的伤亡。此外,路基排水设施施工时,可能与交通安全设施施工、路面工程施工或绿化工程施工存在交叉施工,交叉施工也是安全管理的要点之一。

西北黄土地区,沟壑较多,很多排水设施在高速公路主线工程之外,存在作业场地有限、施工材料运输难度大、施工环境恶劣等困难,造成施工安全风险大。对于不同类型的排水工程施工,安全防护的要点有所不同,本小节主要从施工作业、施工材料加工与运输安全管理两方面分别进行介绍。

(1)施工作业安全管理

在穿越密林、茂密灌木丛等植被覆盖较厚地区时,应观察有无毒蛇、毒虫(葫芦蜂、地窝蜂、蚂蟥、蜘蛛、洋拂子等)、猛兽、毒草等,如无法驱赶,尽量绕道而行。严禁单人野外作业,严禁食用野外不能识别的野果、野菜等。

排水工程施工采用机械开挖为主、人工开挖为辅的挖土方式。开挖作业前,应查明施工现场电线、地下电缆、光缆、管道、坑道等的地点及走向,并采用明显记号表示,严禁在离电缆1m距离以内作业。施工中遇到土体不稳定可能发生坍塌、水位突长时,应立即停止施工,作业人员撤离至安全地点;当工作场地出现陷阱或工作面不足以保证作业时,也应暂停施工,待恢复正常后再继续施工。

边坡平台截水沟必须引入相邻排水设施,天沟不应向路堑侧沟排水。湿陷性黄土、砂性土以及填土等可能发生不均匀沉降地段的天沟、排水沟应采取防渗和保证地基稳定的措施。

渗沟的开挖应自下游向上游进行,应随挖随支撑并迅速回填,防止造成坍塌;支撑渗沟应间隔开挖。此外,开挖应分层、分段依次进行,形成一定的坡度,以利排水,并设置安全警示标志标牌,必要时设置安全防护围栏,高度不得低于1m,夜间设有红色警示灯,以免附近村民或牲畜不慎掉落进去。

暗沟施工时,存在有限空间作业,为保证受限空间内空气流通和人员呼吸需要,作业前必须对氧气及有毒有害气体进行检测,同时可采用自然通风,必要时采取强制通风方法,但严禁向内充氧气。

检查井内的流槽应与井壁同时进行砌筑,现浇混凝土或砌体水泥砂浆的强度应达到设计规定的强度后方允许回填,严禁与砌井体同步回填;在施工过程中,必须做到不间断排水,严禁带水操作。此外,为解决施工人员上、下基坑,应用钢管搭设靠梯,梯宽700mm,靠梯两侧设置900mm高扶手栏杆。

安装水泵时,电气接线、检查、拆除必须由电工进行,注意保护电缆线褛的完好,发现损坏、漏电征兆应停机,由专业电工处理。潜水泵运行时,其周围30m水域内不得站人。

防水板具有易燃性,在铺设防水板作业范围内应禁止吸烟、明火,并配置一定数量的消防器材,避免发生火灾造成人员伤亡。此外,在林区、草丛中施工时,做好防火措施,禁止吸烟、携带明火,尤其是春秋季干燥、多风。

在山顶施工时,应注意架空线,保证施工机具、作业人员与架空线具有一定的安全距离;且禁止作业人员将临时发电机等临时电线架设在树上或脚手架上,以避免发生触电事故。

(2)施工材料加工与运输

目前,公路工程施工推行工厂化生产,急流槽、排水沟等排水设施多数采用工厂预制加工的方式生产,预制加工的安全管理要点参照2.3小节的有关内容,施工现场做好排水设施成品的搬运、堆放及保护工作。预制件成品搬运若为人工搬运,必须合理安排作业人员,以免发生碰伤、压伤、挤压等伤害;夜间暂停施工作业时,应清理施工作业面工具材料,在堆放的预制件旁放置警示桩,以免施工车辆或人员因夜间视线不良而发生意外事故。

排水设施施工现场采用的砂浆、混凝土量比较少,且施工点较为分散。为了节约施工成本,很多项目采用小型砂浆搅拌机生产砂浆,可能会发生触电、机械伤害等事故,应做好搅拌机等小型机具的安全管理工作，临时发电机安全管理参照"4.3　临时用电安全管理"的有关内容。

（3）临时排水设施

改扩建高速公路工程填方路段，需要先开挖原路基边坡，然后再逐层填筑路基材料，将新旧路基衔接成一体，拼接过程中会破坏了原有排水系统。黄土地区，为了防止降水进入原路基和新填筑的路基之中，尤其是旧路基进水后，在交通荷载的影响下会加速稳定性的破坏。因此，改扩建高速公路工程修筑临时排水设施是非常必要的。

此外，加强临时排水设施的防水性也是需要关注的重点之一。某改扩建高速公路工程项目用预制混凝土块作为临时排水设施的主要材料，在其上铺设塑料布来防水，并顺着坡脚修排水沟；在桥梁涵洞处，应将排水边沟延伸至涵洞、桥梁之下，并将拼宽段路基段设为台阶状，不仅有助于缓冲暴雨排水冲刷，还便于作业人员上下，示例如图5-13、图5-14所示。

图5-13　拼宽路基临时排水设施

图5-14　涵洞处临时排水设施

5.1.5　取弃土（渣）场

路基工程主要包括填方路基、挖方路基及半填半挖路基等形式。一般情况下，公路工程在设计阶段会综合考虑填方工程与挖方工程的工程量，并进行统一规划设计以平衡，以避免取土、弃土太多，对环境造成破坏与污染。

在实际施工过程中，受地形、土质、排水、工程进度、环境保护、施工方法等因素的影响，需要设置长久或临时的取土场、弃土场，应做好取弃土（渣）场施工安全管理工作。

（1）取土场

①取土场设计。

填方路基需要按照设计要求取土，所取之土除了源于路堑开挖工程和隧道开挖工程，可能还需专门取土而设计取土场。取土场的位置、边坡、深度应符合设计要求，并结合当地土地利用、环保规划进行布置,不得随意取土,且不得危及周边建(构)筑物等既有设施的安全。

依据《公路路基设计规范》(JTG D30—2015),应合理考虑取土场与路基之间的距离,避免取土场影响路基边坡稳定性,在路堤上侧200m以外,不宜设置在桥头引道两侧,以避免通车荷载作用造成桥头沉降,造成质量安全事故。此外,应尽量少征用沿线农业用地进行取土,而利用河道滩地、坑塘边缘、小土山坡以及低产、耕性较差的农田或植被稀疏的山包、丘包、融区、河滩等地作为取土用地。

②取土施工作业。

为确保取土作业有序、安全,应制定取土场专项施工方案,明确取土场的开挖顺序、分级开挖高度和边坡坡率等关键内容。对于土质不好区域,应根据滑坡稳定性验算结果,对土体抗剪强度等重要参数进行论证。在施工作业中,应做好以下安全工作:

a.取土前,应先征得相关管理部门的许可,修挖施工便道,并按要求对施工便道进行处理,设立交通警示标志等;取土场清表时不得用火焚烧杂草或灌木等,防止发生火灾。

b.取土时,应根据土质稳定性情况,自上而下开挖放坡,保证边坡的稳定性,严禁掏底取土。

c.取土场底部应设置临时向外的排水设施,防止积水浸泡坡脚,造成边坡坍塌;取土场上方有架空线时,应对杆线采取有效的保护措施。

d.施工期间,应在取土场周围设置警戒带等安全隔离设施,必要时应设置不低于1.8m铁丝网围挡,安排专人24小时看管,防止无关人员进入,尤其是小朋友进入游玩;并在醒目位置设置"施工重地,闲人免进"等安全警示标牌,并设置夜间警示灯和反光标识。

③取土场恢复及水土保持措施。

取土后边坡裸露,如防护不及时或防护措施不当时,可能会造成滑坡、泥石流等灾害。取土后,应做好以下安全生产工作:

a.清理场地的废料和土方工程的废方,不得影响排灌系统及农田水利设施。

b.结合取土场周边的地形地貌,修建永久性的排水沟,并与取土期间修建的临时排水设施形成完善的排水系统。

c.针对不同类型的地貌,取土后采取不同的措施进行复垦、复绿工作,详细如下:

a)河道滩地取土后应将临水面完全清除干净,以免降雨把松散的土体冲到河道之中,另一面按河岸要求进行治理,一般将边坡修整成自然坡,坡上种草、坡顶种植树木或灌木;

b)坑塘边缘取土坑整治后要达到完全利用的目的,可开辟为人工湖或者鱼塘、藕塘等,为了达到一次治理永远受益的目的,在开挖完成后应进行边坡砌护顶部种植树木;

图 5-15 开挖区整平、复耕示例图

c)山坡取土后,破坏了梯田、树木、草地等水土保持设施,使小区域内面临着水土流失的威胁,并且由于开山取土,使原有的山坡变陡,增加了滑坡、坍塌等大量水土流失的可能,可采用整平、清理的办法整地造林或辟为农田,采用浆砌石护坡,达到既防治水土流失又增加经济效益的目的,如图 5-15 所示;

d)农田取土坑经治理后要达到变废为宝,农田取土坑经边坡砌护治理后可以作为长条井或蓄水池利用。

④取土场恢复情况达到环保要求后,按要求办理相关移交手续。

(2)弃土(渣)场

路基开挖会产生大量的弃土(渣),隧道开挖也会产生弃土(渣),尤其是长大隧道工程。为防止弃土(渣)堆放造成新的地质灾害,应做好以下工作。

①弃土(渣)场的设计

a.弃土(渣)场设计文件应包括截排水设施、挡土墙、边坡防护等重要设施的有关要求,以及稳定性计算书。

b.弃土(渣)场应相对集中堆放,宜设置在缓坡、山谷或荒沟中,其位置与高度应保证路堑边坡、山体和自身的稳定,不得影响路基稳定及斜坡稳定,不得影响附近建筑物、农田、水利、河道、管线、交通和环境等。

c.选择汇水面积较小的沟头荒山地,这样可以减少弃土场的排水沟和盲沟的工程量,有利于水土保持。

d.应避开陡坡、滑坡体以及极易产生工程滑坡或者诱使古滑坡复活的地段,避免出现单坡场地。

e.避免在水源地、水库上游设置弃土场,当无法避开时,应做好防护措施,并征得当地水保、环保部门的许可,预防造成水土流失、水体污染。

f.弃土(渣)场应选择荒山、山涧沟谷或贫瘠土地,尽量少占耕地。

②弃土(渣)作业

a.弃土(渣)作业前,施工单位应先按设计要求完善截排水措施、挡渣墙及周边防护设施,如图 5-16 所示,并由监理工程师组织检查、验收,合格后方可投入使用。如新增或扩容弃土(渣)场时应按要求进行变更,变更时应按照设计变更的流程实施。

b. 弃土(渣)作业应遵循"先支护、后弃土"的原则,自下而上分层填筑,严禁采用自上而下倾倒的方式弃土(渣);并按照设计的分层厚度和压实度进行施工,根据弃土高度进行平台设置及坡面防护,边坡临时排水设施应及时跟进,如图 5-17 所示。

图 5-16　拦渣墙建设图

图 5-17　弃土场临时排水沟

特殊情况下,弃土场可以与高路堤或陡坡路堤综合考虑设置,对高路堤或陡坡路堤进行回填反压,达到路堤稳定和弃土场稳定的双重效果;弃土场也可以和路基排水综合考虑,将取土场设置在需要通过涵洞排水的地段,即进行填平处理,从而减少涵洞数量。

c. 弃土(渣)时,弃土场边坡坡率不宜大于 2∶1,周边应设置警戒带及"禁止靠近"等安全警示标志。有行人、行车道的,应采取隔离或封闭措施,如图 5-18 所示。

d. 弃土(渣)车辆的运输通道应设置线路指示标牌及限速标志标牌,并设专人指挥弃土(渣),指挥人员须穿反光衣;急转弯路段设置反光镜及"减速慢行"标志;滚石路段设置防滚石措施(防护网)及"当心落石"等安全警示标志。

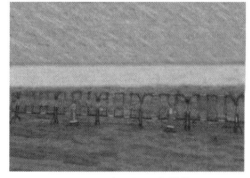
图 5-18　弃土场隔离措施

e. 以下地理位置情况,严禁倾倒渣土:

a) 严禁在岩溶漏斗、暗河口、滑坡体上、泥石流沟上游弃土(渣);

b) 严禁贴近、挤压桥墩(台)或涵洞口,避免产生附加推力,造成已建工程损坏,发生质量安全事故;

c) 沿河岸或傍山路堑的弃土,避免弃土侵占河道、挤压桥孔或涵管口,改变水流方向

和加剧下游路基与河岸的冲刷,必要时应设置防护支挡设施;

d)严禁向江、河、湖泊、水库、沟渠弃土、弃渣。

5.2　路面工程

我国地大物博,南北气候差异较大,东部与西部发展水平不平衡,由大量的施工经验总结可知,区域性对高速公路路面工程施工安全的影响较小,但路面工程质量的好坏对路段运营安全有影响,其质量不好甚至会影响到路基的质量安全。在施工阶段,机械设备的生产安全管理和交通管制是安全管理的要点。

5.2.1　路面工程施工特点

路面工程在公路工程建设中具有举足轻重的位置,施工过程是一个复杂的过程,施工人员多、范围广、技术要求高,也是人员、材料、设备短期投入巨大的施工项目。

(1)投资巨大。沥青混凝土是高速公路最常用的路面材料之一,虽然市场上涌现出多种类型的沥青,如煤沥青、橡胶沥青、泡沫沥青等,但不论是哪种材料的沥青混凝土造价均不便宜,而高速公路路基宽度宽、路线长、铺筑厚度厚,相比于路基工程,路面铺筑速度快,因此,路面工程的造价高,短期投资巨大。

(2)机械设备投入多。路面工程施工从质量控制角度,混凝土配合比要求精细准确,现场质量控制为避免施工接缝,要求连续铺筑,且混合料需要从拌合站运输至施工现场,因此需要大量的运输车辆,此外还有大型摊铺机、多台压路机共同协调配合作业才能满足生产需要。

(3)参与人员多。在路面施工过程中,施工单位、监理单位、建设单位、第三方检测单位、技术咨询单位以及有关监督检查单位均会在施工现场开展工作,诸多工种同时作业。

(4)技术要求高。路面结构要求具有良好的承载力、平整度、抗滑性,其直接影响到行车舒适性、安全性,如沥青是一种性能不太稳定的材料,动力黏度、重力黏度等指标关系到材料的抗老化、抗车辙性能,从拌合站出场至施工现场,需要多次测量温度,掌握沥青含量,以满足技术规定。

5.2.2　基层、底基层施工安全管理

黄土地区,基层、底基层与路基紧密结合,起到传递荷载、封闭路面上的水的作用,其

施工过程简单,但施工过程中涉及的灰剂量的检测以及养生等作业存在一定的风险,本小节围绕主要的作业工序论述安全管理要点。

(1)准备工作

基层、底基层作为路面工程的初始铺筑层,在开工前,应结合工程施工环境、工程量、拌合站的生产能力、机械设备的到位情况等因素制定施工组织设计和专项施工方案,经监理单位、建设单位审批通过后方可实施。其中,施工方案中必须明确材料的运输路线。

在施工前,应对施工班组、施工作业人员进行安全技术交底,为其配备符合要求的劳动防护用品;核查运输路线限速、限高情况,并在便道上设置必要的交通安全警示标志;在施工高填方路段两侧悬挂安全警示带;并按照施工方案在施工现场布设作业区,如车辆等候区、铺筑区、碾压区、检测区等,设置交通锥,并悬挂相应的安全警示标志,可参见图5-19;铺筑挡板应喷涂安全色,以防作业人员绊倒受伤,可参见图5-20。

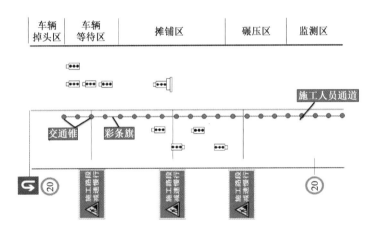

图5-19 作业区布设示例图

(2)喷洒作业

为了保证基层、底基层与路基工程有效黏合,加强路基工程与路面工程的整体性,避免运营通车后出现断层等质量问题,在铺筑基层底基层之前需要洒水湿润,并喷洒水泥浆等黏结材料。开展喷洒作业,应做好以下安全管理工作:

①喷洒前,应检查井、闸井、雨水口的安全防护状况;

②洒水车行驶路段,应设专人管理,作业范围内不得有人,可参见图5-21;

③采用车辆自动喷洒与人员喷洒相结合的作业方式,禁止喷洒人员站立在行驶的车辆上作业。

图 5-20　挡板支架安全色示例图　　　　图 5-21　洒水作业示例图

(3) 材料运输作业

基层、底基层施工作业对出厂铺筑材料质量的要求较高,防护措施不到位会造成质量不达标。因此,施工过程中对运输车辆的运输时间要求也较高。在保证运输质量的基础上,应做好以下安全工作:

①运输车辆必须按规定路线行驶,不得超速、超载。

②装、卸料时,由专人进行指挥,且料斗下方禁止人员通过。

③自卸车辆卸料后,应及时将车厢复位,以防在行驶中卡在涵洞、桥梁等处,或碰触架空线造成触电事故。

④运输车辆必须配备覆盖篷布,以防运输材料散落,造成环境污染,同时避免材料水分蒸发或被雨淋,影响铺筑强度。

⑤车辆到达施工区,应按秩序停放,禁止插队;在等待期间,禁止驾驶人员在车辆下方休息。

(4) 摊铺与碾压作业

高速公路基层与底基层铺筑,一般采用摊铺机与碾压机配合作业的施工方式;对于路基宽度较宽的高速公路,单幅施工可能采用多台摊铺机配合作业;摊铺作业还涉及运输车辆与摊铺机的协调作业。此外,摊铺作业连续性强,工作时间长、强度大,也是施工作业的主要安全风险之一。

①摊铺作业主要的安全管理措施如下:

a. 摊铺机作业前,应清除一切有碍工作的障碍物;行驶前,应确认前方无人,并鸣笛示警;

b. 摊铺作业应由专人指挥、调度,准确将料卸入机器料斗,运料车与摊铺机协调同步行进,避免发生碰撞事故,如图 5-22 所示;两台摊铺机同时作业时,应一前一后保持 20m 以上的安全距离,如图 5-23 所示;

图 5-22　运料车与摊铺机协同作业示例图　　图 5-23　两台摊铺机协同作业示例图

c. 摊铺机临时停放或驾驶员离开驾驶台时,应将摊铺机停稳、制动,并在机旁设置安全警示标志;

d. 摊铺机在工作后,所有防护装置必须安装在指定位置上。

② 碾压作业主要的安全管理措施如下:

a. 碾压区由专人指挥、调度碾压作业,禁止无关人员进入,确需人员进入的应安排专人监护;

b. 压路机司机要时刻注意作业现场,防止发生碾压事故;严禁压路机在已完成或正在碾压的路段上"调头"和紧急制动,错轮时,必须退后碾压段 10m 以上,缓慢调整;

c. 多台压路机在同一作业面上碾压时,其前后间距不得小于 3m;

d. 作业人员应在行驶机械后方清除轮上黏附物。

(5) 养护作业

为了保证基层、底基层结构层强度的持续增长,需要进行养生。养生作业主要是用土工布覆盖洒水,使该结构层保持潮湿状态,一般养生期不少于 7 天,且需封闭交通。因此,养生作业较为简单、施工安全风险较小,但仍需做好以下安全生产工作:

① 养生期间,应实施交通管制,禁止社会车辆驶入;

② 在施工现场出入口、沿线及交叉道口处进行交通安全警示告知,设置限速、限重等交通安全标志,交叉道路夜间设置爆闪灯;

③ 应用沙袋、石头等将土工布压住,避免被风吹起,影响洒水车驾驶员视线和施工质量。

(6) 其他

基层、底基层使用最多的是无机结合料,在出料装车、铺筑过程中均要进行灰剂量检测,检测人员上下车辆应与司机做好协调沟通工作;机械设备种类多、数量多,应做好安全管理工作。

5.2.3 沥青混凝土路面施工安全管理

沥青混凝土路面材料一般应用于高速公路的上面层和中面层，其施工工序与基层、底基层的施工工序大同小异，其安全风险也有类似之处，如摊铺、碾压作业。高速公路建设领域，区域性对沥青路面的施工影响较小，但为避免发生施工生产安全事故，应加强各施工作业的安全管理。

（1）拌合站沥青混合料生产

大型沥青拌合站宜采用全自动化、智能化中控系统进行操控，安全管理要点如下：

①拌合站中控室应能实时监控拌合站和站场区室外情况，与室外工作人员保持沟通畅通。

②沥青拌和设备应安装防尘设施，沥青蒸汽加温装置的蒸汽管道应连接牢固，在人员易触及的部位，必须用保温材料包扎。

③沥青拌合站有机热载体炉（锅炉）等特种设备应按规定取得特种设备检验合格证及使用登记证；锅炉工应取得特种作业人员资格证。

④沥青加热锅炉使用前必须进行检验，超压、超温报警系统应灵敏可靠；人员易触及的部位，应设置隔离设施，必要时采用保温材料裹覆。

沥青拌合站应定期检查加热系统、压力系统、热循环系统等工作系统，尤其压力表等仪表和报警系统。

⑤沥青拌合站应依据加热原料的类型进行防火防爆安全管理，配备消防器材，安装烟雾报警器；采用天然气加热，应安装燃气泄漏报警器，储气压力罐与加热炉应保持一定的安全距离；压力达到特种设备等级的，按照特种设备要求进行管理。

⑥沥青罐、燃油罐存放区应远离生活区并进行围挡，出入口处应设置安全警示标志，并配备灭火器材，灌区内不得存放危险品及其他易燃易爆品，罐区周围10m范围内不得动火作业。

（2）施工现场机械设备

沥青混合料类路面工程施工采用摊铺机、胶轮压路机、钢轮压路机等机械设备，机械数量多，安全管理难度大，可采用信息化系统或APP软件进行动态管理，便于全方位、全天候掌握安全生产情况。为防止发生机械设备撞人、压人事故，车辆故障火灾等事故，施工过程中应做好以下工作：

①沥青混凝土路面铺筑对连续性要求较高，会夜间施工，机械设备均应有照明设备

和明显的安全警示标志,机械设备四周应贴反光贴,见图5-24。

②驾驶员离开摊铺机、压路机时,应停稳、制动,停放在路边时,应在前后方设置隔离墩,侧面放置爆闪灯,防止夜间光线、视线不好,防止作业人员或附近来往行人、车辆撞到机械设备上。

③摊铺机使用液化气罐加热时,须对气罐采取遮盖措施,做好防晒措施,以防高温爆炸;在熄火时,必须将罐阀关闭。

(3)洒布作业

黏层通常采用沥青,封层常采用碎石,施工作业应做好以下安全工作:

①工作前,应将洒布机车轮固定,检查高压胶管与喷油管连接是否牢固,油嘴和节门是否畅通,机件有无损坏。检查确认完好后,再将喷油管预热,安装喷头,经过在油箱内试喷后,方可正式喷洒。

②洒布车装载沥青量不应超过罐体容积的2/3,装完后要密封罐口;向洒布机油箱注油时,油桶要靠稳,在油箱口缓慢向下倒油,不得猛倒。

③驾驶员与机上操作人员应密切配合,操作人员应齐全佩戴劳动防护用品。

④在喷洒封层、透层、黏层沥青作业过程中,设专人警戒,作业范围内不得有人,且施工现场严禁使用明火,参见图5-25。

图5-24　洒布机安全警示示例图

图5-25　碎石封层施工安全管理示例图

⑤洒布车行驶中,喷管应距地面30～40cm,注意风向,不得逆风操作,大风天气不得喷洒;手握的喷油管部分应加缠旧麻袋或石棉绳等隔热材料,防止操作人员手臂烫伤。

⑥如发现喷头堵塞、喷管滴油、漏油或其他故障,应立即关闭阀门,等修理完好后再作业。

(4)其他施工作业

①沥青路面施工时,应做好施工组织,减少作业人员连续高温作业,并做好防中毒、

防中暑措施。

②摊铺作业应设专人指挥、调度，运料车与摊铺机协调同步行进。

③多种类型、多台设备同时作业，为预防事故发生，应保持安全距离：

a.采用2台摊铺机成梯队摊铺，纵向间距不应大于10m；摊铺机在弯道作业时，熨平装置的端头与路缘石的间距不应小于10cm；

b.在纵坡作业时，宜由低向高；纵坡坡度大于8%、横坡大于3%或合成纵坡大于10%时，应采取安全措施；

c.两台以上压路机在同一作业区时，其前后间距不得小于3m；碾压边缘时，应确保2/3的碾轮在坚实的路面上；转弯处，应减速慢行。

④碾压作业时，胶轮压路机涂油作业人员行走必须与机械运行方向保持一致，严禁边后退边涂油。

⑤隧道沥青路面施工，应充分考虑温度高、烟雾多、噪声大、能见度低、空气流通困难等因素，做好照明、通风措施，并配发防毒面罩、耐高温防护鞋、耳塞等防护用品；长大隧道施工，采用轮班作业制，每班组作业时间不超过2h；推荐使用温拌环保型路面材料。若条件允许，可在通风设施安装完成后再开展沥青路面施工。

5.2.4 水泥混凝土路面施工安全管理

与无机结合料、沥青混合料路面材料施工工艺相比，水泥混凝土路面施工多了振捣、切缝、刻槽、养生施工工序，施工过程中会使用振动器、切割机等手持电动工具，可能会发生触电、机械伤害等事故。为保障安全生产，水泥混凝土路面工程施工安全管理要点如下：

(1)人工摊铺混凝土路面时，装卸钢模板时须逐片轻抬轻放，不得随意抛掷；在多人同时作业的情况下，施工作业人员按施工工序依次排开，并与施工机具保持安全距离；固定模板的插钉或钢筋头应有序摆放，避免行人和车辆扎碰。

(2)机械摊铺混凝土路面，在调整摊铺机高度时，工作踏板、扶梯等处禁止站人；下坡时，禁止快速行驶和空档滑行，牵引制动装置必须置于制动状态；夜间施工时，摊铺机上应有足够照明和警示标志。

(3)切缝、刻纹作业过程中，作业区两端应进行围蔽，设置反光警示标志。

(4)水泥混凝土混合料用挖掘机布料作业过程中，人员不得在机械回旋范围内作业。

(5)作业人员应穿戴具有绝缘、防尘等功能的安全防护用品。

(6)现场预留的孔洞处必须设置防护设施和安全警示标志。

(7)设电工值班，负责施工机具的电气接线、拆卸和出现电器故障时的紧急处理，并安排专人收放电缆。

（8）摊铺作业布料机与整平机至少保持5m的安全距离。

5.2.5 交通组织管理

路基工程完成后，路段或全线道路通行条件大大改善，尤其是在基层、底基层或下面层铺筑完成后，施工车辆会放松警惕，超速、超载行驶，这些给施工生产带到了重大安全隐患，因此交通组织管理是路面工程安全管理的重点。

（1）交通组织方案

路面工程施工前，应编制交通组织方案，明确领导组及其职责、施工车辆类型与数量、材料运输路线、(主线、匝道、桥梁、隧道)施工交通组织形式、交通安全设施的类型与数量等内容。遇到以下情况，应组织专家对交通组织方案进行评审：

①改建、扩建高速公路工程，边通车边施工的情况；

②新建公路上跨高速公路、一级公路以及铁路施工时。

建设单位应牵头成立交通组织管理督导组，涵盖监理单位、施工单位，负责综合协调交通组织管理，及相关审核批准等事项。

对于施工路段通行，应实行通行证管制，分为标段通行证、全线通行证和临时通行证，以不同的颜色进行区分，对不同通行需求的单位发放不同的证件，证件上注明通行有效期和车牌号等关键信息，且临时通行证需经工区负责人签字确认，无证车辆禁止通行，这样可明确通行安全责任单位和责任人。通行证的模板可参见图5-26、图5-27。

图5-26 标段通行证示例图　　图5-27 全线通行证示例图

（2）交叉路口管理

交叉路口安全管理是路面施工管理的重要组成部分，需对路口进行规划管理，加强跨线施工区的管理，实现施工区封闭，可采取以下安全管理措施：

①施工单位合同段内长期使用路口进行总体规划,将不使用的路口全部封闭。路基、绿化、交安、机电、房建等施工单位要开通临时便道,应向督导组报备,经审核同意后,按要求设置路卡,并配专人管理,临时便道、乡村交叉口交通安全管理可参见图 5-28、图 5-29。

 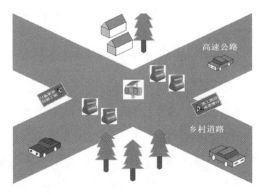

图 5-28　临时便道口管理示例图　　图 5-29　乡村道口管理示例图

②路面各施工单位在合同段首尾设卡并上锁,安排专人管理,除持"全线通行证"车辆外,其他车辆不得通行,如图 5-30 所示。

③因路基单位横向通道、天桥未完成,社会车辆、行人需横穿路基时,路基单位在路口处设置警示、告知标牌,在跨路通行两侧设置路卡专人管制,只准横穿,不准纵行,如图 5-31所示,互通、匝道、跨线施工应设置安全警示标志,如图 5-32 所示。

图 5-30　标段首尾设卡并上锁　　图 5-31　跨路通行管控示例图

④路面施工单位每 1～3km 划分为一个片区,设置一名交通管制人员,负责片区交通管制及安全设施维护等工作,并配备交警式电动车、对讲机,佩戴交通巡查员袖章。

(3)限速管理

①全线设置路障限速,必要时,行车道限宽 3.5m,并设置反光水马进行引导,路障处设置交通限速警示标牌、限速标志,如图 5-33 所示。

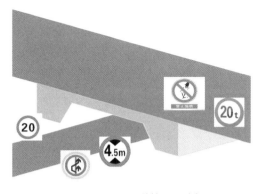

图 5-32 互通匝道施工示例图

图 5-33 路障限速示例图

②应结合路基工程、路面工程的施工进度情况及线形情况,分为行车路段、特殊路段、作业路段,对不同路段进行不同的限速管理,如行车路段限速 40km/h,桥梁、涵洞、隧道等特殊路段限速 30km/h,作业路段前后 300m 内,限速 20km/h,如图 5-34 ~ 图 5-36 所示。

图 5-34 行车路段限速示例图

图 5-35 桥梁等特殊路段限速图

图 5-36 作业路段前限速图

(4) 人车分离管理

路面工程一般是半幅施工，半幅施工车辆通行。对于半幅限行时，应做到作业人、车分离，详细措施如下：

①全线路面实行车辆半幅通行时，限行的半幅只允许作业人员通行，端头处设置水泥墩封闭，设置道路导向标志、限速标志和爆闪灯；通行半幅若双向行驶，可在道路中间设置锥桶、水马等隔离设施，设置道路指示标志，遵守靠右行驶的交通规则，如图5-37、图5-38所示。

图5-37 半幅通行管制图

图5-38 端头管制示例图

②在施工区前方第一个路口处，设置爆闪灯、"车辆出入减速慢行"及"路面施工，无关车辆请绕行"标牌，施工区后方第一个通行路口处设置"前方施工禁止通行""太阳能LED屏车辆方向指示牌"、爆闪灯等安全设施，并在指示标牌后方设置水马进行封闭隔离。

③路面施工作业，在不作业半幅设置隔离区，供人员通行，前后300m范围，禁止停放车辆，做到人车分离，如图5-39所示。

(5) 执勤管理

路口设岗全天值勤，落实"通行证"措施。所有使用便道路口设置岗亭、门禁，安排专人值守，实行双人双班制，按照安全施工标准化要求设置爆闪灯、警示牌、防撞墩、临边等警示标志，如图5-40所示。

图5-39 人车分离管控图

图5-40 路口管控示例图

5.3 桥梁工程

桥梁是跨越河流、峡谷、海域或其他障碍的大型空间构筑物,使车辆行人等能顺利通行的构筑物,具有体形庞大、类型多样和地点固定性等特征。为适应现代高速发展的交通行业,桥梁亦引申为跨越山涧、不良地质或满足其他交通需要而架设的使通行更加便捷的建筑物。

桥梁一般由上部构造、下部结构、支座和附属构造物组成。上部结构又称桥跨结构,是跨越障碍的主要结构;下部结构包括桥台、桥墩和基础;支座为桥跨结构与桥墩或桥台的支承处所设置的传力装置;附属构造物则指桥头搭板、锥形护坡、护岸、导流工程等。

由于要实现的交通需求不同以及地理环境不同,桥梁的设计需要结合地域的人文、历史及施工环境等因素,高速公路桥梁有多种形式结构,如斜拉桥、悬索桥、拱桥、钢桥、钢筋混凝土和预应力混凝土式桥等。不同类型的桥梁,施工工艺差别比较大。本小节就黄土地区常规桥梁工艺施工安全管理进行论述,不涉及特殊、复杂桥梁施工。

5.3.1 桥梁工程施工特点

桥梁工程固有特征的存在,决定了桥梁工程的施工生产过程有不同于一般工业产品生产的自身特点,详细如下:

(1)流动性、地域性

桥梁工程施工是在不同的地区,或者同一地区的不同现场,或者同一现场的不同单位工程,或者同一单位工程的不同部位进行的,因此其生产在地区与地区之间、现场之间和部位之间流动。公路桥梁工程施工受地区条件的影响,其结构、构造、造型、材料和施工方案等方面均不同,具有地域性,致使施工风险与地域天气、环境等紧密相关。

(2)固定性、单一性

具体的一座桥梁,经项目统一规划后,根据其真实使用功能,在选定的地点上单独设计、单独施工,不可更改,建设地点具有固定性。即使是提倡选用标准设计和通用构件,但受公路桥梁工程所在地区的自然、技术和经济条件的约束,其结构和构造、建筑材料、施工方法和施工组织等也要因地制宜加以修改,以适应不同地区和不同桥型的需要从而使公路桥梁工程的施工具有单一性,该特点造成桥梁施工风险无可参考性,无法预知。

(3)周期性、重复性

公路桥梁工程受混凝土龄期、类似结构及同部位分节施工等影响,需按部就班地开展,如梁板预制、类似钢筋绑扎、模板安装固定、混凝土浇筑、高墩分节施工等,从而使桥梁工程施工具有周期性和重复性。

(4)露天性、高空性

公路桥梁工程地点的固定性和体形庞大的特征,决定了其施工具有露天作业和高空作业多的特点。随着社会经济的发展和现代化交通运输的需要,各种大型桥梁的施工任务越来越多,使得桥梁工程高空作业的特点日益明显。露天、高空是桥梁工程人工作业中风险最大的环节。

(5)施工周期长

公路桥梁工程体形庞大,其建造必然要消耗大量的人力、物力和财力,同时施工过程中还要受到工艺流程和生产程序的制约,使各专业和各工种间必须按照合理的施工工序进行配合和衔接,而建造地点的固定性,使得施工活动的空间具有一定的局限性,从而导致桥梁施工具有生产周期长的特点。施工周期长致使施工人员容易出现麻痹大意的思想状态。

(6)施工生产组织协作的复杂性

公路桥梁工程施工所涉及的面比较广泛。在施工企业内部,它涉及工程力学、桥梁的结构和构造、地基基础工程地质、水文水力学、土质土力学工程材料、工程机械设备、施工技术和施工组织管理的学科的专业知识,需要在不同时期、不同地点、不同产品上组织多专业、多工种的综合作业。在施工企业的外部,它涉及不同种类的专业施工队伍,以及规划、征用土地、勘察设计、三通一平、公用事业、质量监督科研试验、交通运输、银行财经、保险机具设备、物质材料、消防、保安、电水热的供应、劳务等社会各部门和各领域的协作配合,因而使得公路桥梁工程施工生产的组织协作关系错综复杂。错综复杂的施工协调,致使安全管理难度大,安全管理人员需要具备广泛的知识以及协调能力。

5.3.2 下部结构施工

下部结构中的墩台、承台、桥台等结构施工中会采用明挖方式,桩基施工采用机械施工或人工挖掘的方式。不同结构、不同的施工方法带来的施工风险不同,防控要点不同,在本小节中详细论述。

(1)明挖基础

明挖基础是桥梁工程施工常用的施工方法之一。黄土地区,明挖基础施工过程中需要做好地表清理、基坑防排水及支护等工作。

①准备工作

土方开挖前,做好以下安全生产工作:

a.清除施工区域内的地下、地上障碍物,对地下管线进行改移或保护。

b.场地平整、修理边坡、清理槽底,基坑顶面四周应开挖排水沟,防止地表水流入基坑。排水沟应满足施工、防汛要求,须配备抽排水设备。

c.检查施工机械进入现场所经过的道路、桥梁,必要时进行加固或加宽;开挖影响既有道路车辆通行时,应编制交通疏解方案。

②明挖作业

a.桥梁工程的基础如是岩石基坑,应采用爆破开挖的方式,按照爆破作业安全管理的有关规定进行管理。

b.开挖作业中,应做好以下安全工作:

a)机械开挖基坑时,当坑底无地下水,坑深在5m以内,且边坡坡度符合规定时,可不加支撑。

b)软土基坑或需支护结构防护时,应编制专项施工方案;基坑开挖与支撑、支护交叉进行时,严禁开挖作业碰撞、破坏基坑的支护结构。

c)土层中有水时,应在开挖前进行排降水,先疏干再开挖,不得带水挖土;出现基坑顶部地面裂缝、坑壁坍塌或涌水、涌沙时,必须立即停止施工,人员撤离危险区,待采取措施确认安全后,方可恢复施工。

d)开挖中,与直埋电缆线距离小于2m,与其他管线距离小于1m时,应采取人工开挖,并注意标志管线的警示标识,开挖时宜派人监护。

e)遇有危险物、不明物和文物应立即停止作业、保护现场,报告上级和主管单位,经处理后方可恢复作业。

f)严禁挖掘机在电力架空线路下方作业。

g)人工清基应在挖掘机停止运转,且挖掘机指挥人员同意后进行,严禁在机械回转范围内作业。

c.基坑排降水应注意以下安全要求:

a)基坑范围内有地表水时,应设水泵排除,在水深超过12m的水上作业,必须选用熟悉水性的人员,并应采取防止溺水的措施。

b)基坑中设排水井时,排水井和排水沟的边坡应稳定,且不得扰动基坑边坡;水泵应安设稳固。

c)基坑排降水应连续进行,工程结构施工至地下水位以上50cm时,方可停止排降水。

d.基层周边应做好安全防护措施,遵照以下要求:

a)基坑开挖深度超过2m时,必须设有临边防护栏杆,挂过塑钢丝网,基坑防护栏距坑边距离不小于0.5m,深基坑防护栏距坑边距离不小于1m。

b)防护栏杆高度不小于1.2m,立杆间距不大于2m,立杆和扶杆宜采用钢管制作,并涂上红白或黄黑相间的反光漆,如图5-41所示。

c)基坑开挖深度超过1.5m时,基坑内应设置安全梯、专用坡道或铺设跳板以便人员上下。坡道或跳板的宽度应超过0.6m,如图5-42所示。

图5-41 基坑防护示例图　　　　图5-42 防护安全通道示例图

d)在坑槽边缘1m内不准堆土或物料、1~3m间堆土高度不得超过1.5m、4m内禁止停滞车辆、设备。

e.夜间施工时,应有足够的照明设施,在危险地段应设置明显标志。

f.基坑位于现场通道或居民区附近时,应设置隔离设施、安全防护设施及警示标志,夜间应增设警示红灯;基坑护栏上挂"施工重地、闲人免进""当心落物""当心坠落"等警示标识,靠近道路侧应设置安全警示标志和夜间警示灯带。

③人员安全管理

a.采用挖土机械开挖基坑,坑内不得有人作业;必须留人在坑内操作时,挖土机械应暂停工作。

b.开挖人员不得站在坑壁下休息。

c.积水基坑必须降排至满足通行要求,严防用电设备电缆线浸水。

d.浇筑承台混凝土时,不得直接站在模板、钢筋上操作。

e.吊车吊送模板、钢筋物料时,应先组织基坑内作业人员避让。

(2)钻孔桩

钻孔灌注桩是在工程现场通过机械钻孔、钢管挤土等手段在地基土中形成桩孔,并在其内放置钢筋笼、灌注混凝土而做成的桩。依照成孔方法不同,灌注桩又可分为沉管灌注桩、钻孔灌注桩和挖孔灌注桩等几类。

钻孔灌注桩的施工,因其所选护壁形式的不同,有泥浆护壁施工法和全套管施工法两种。黄土地区,常采用泥浆护壁施工法,冲击钻和旋挖钻是应用最多的工艺设备,其施工工艺流程如图 5-43 所示。

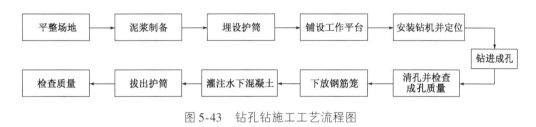

图 5-43 钻孔钻施工工艺流程图

①钻机就位及钻进成孔

a. 采用机械钻孔,钻机就位后,对钻架加设斜撑或揽风绳,并对钻机及配套设备等进行全面检查,如卷扬机、钢丝绳、滑车、钻头、泥浆泵、水泵及电气设备等是否完好正常,润滑部位加油后检查合格后方可开钻。

b. 各类钻机在作业中,应由本机或机管负责人指定的操作人员操作,其他人不得任意登机。操作员在当班时,不得擅自离岗。采用不同类型的钻机,安全风险管控要点有所不同:

a) 采用液压电动正反循环钻机前,应随时检查液压油、润滑油情况,注满油料后,旋塞要拧紧、关严。钻机皮带转动部位,必须设有防护罩,所用动力线宜使用橡胶防水电缆。

b) 采用冲击钻孔时,选用的钻锥、卷扬机和钢丝绳等应配套,钻架连接牢靠,钢丝绳性能应适应要求,其安全系数不小于12。冲击过程中,要经常检查钢丝绳的损伤情况,当断丝已超过5%时必须立即更换;采用冲击钻孔,应防止碰撞护筒、孔壁和钩挂护筒底缘,提升时,应缓慢平稳。

c) 冲击钻机的卷扬机应制动良好,钻架顶部应设置行程开关。钢丝绳夹数量应与钢丝绳直径相匹配,并应设置保险绳夹;钻机皮带转动部位应设置防护罩,使用的电缆线需是橡胶防水电缆。

d) 每次拆换钻杆或钻头时,要迅速快捷,并保证连接牢靠。严防工具、铁器及螺帽等掉入孔内,必要时孔口应加护盖。

e) 钻孔中发生故障需排除时,严禁作业人员下入孔内处理故障。在特殊情况下,必须下到孔内时,应在有护筒或其他防护设施的钻孔中,由潜水人员或具有水下打捞经验的人下到钻孔中处理事故。

c.钻机停钻时,将钻头提出孔外,置于钻架上,严禁将钻头停留孔内过久。

d.钻孔过程中,必须有专人按规定指标,保持孔内水位高度及泥浆的稠度,紧密监视钻进情况,观察孔内有无异常情况、钻架是否倾斜、各连接部位是否松动、是否有塌孔征兆。如遇机架摇晃、移动、偏斜或钻头内发出有节奏的响声时,应立即停钻,查明原因并处理后,方可继续施钻;遇卡钻时,应立即切断电源,停止下钻,未查明原因排除故障前,不准强行启动;发生掉钻时,严禁人员进入没有护筒或其他防护设施的钻孔内。

e.扩孔作业中,要严格控制泥浆护壁配比,防止塌孔。扩孔达到设计要求的孔位时,应停止扩削,并拢扩孔刀管,稍松数圈,使管内存土全部输送到地面,才可停钻。

f.桩机移位时,要先切断电源后才能移动桩机,注意塔架的拆解和位移,移动期间要有专人指挥和专人看管电缆线以防桩机压坏电缆;钻机塔顶和吊钢筋笼的吊机桅杆顶上方2m内不准有任何架空障碍物。

g.必须进入有防护设施的钻孔时,应确认钻孔内无有害气体和备齐防毒、防溺、防埋等安全设施后,方可进入。

h.操作人员爬上臂杆上面保养时,严禁用手清除螺旋片上的泥土;且要注意脚不要粘泥浆,以免打滑摔下来。

i.在岩溶区及地层复杂区域施工中,应核对地质勘察资料,有疑问时应补充完善地质资料。

②钢筋笼安装

钢筋调直前,应先检查调直设备各部件是否安全可靠。起吊钢筋骨架作业应严格遵照吊装作业安全技术要求,做到稳起稳落,安装牢靠后脱钩;钢筋笼安装过程中必须检查脚是否缩回,防止钢筋笼下放时将脚扭伤,甚至将人带入孔中。

吊车作业时,应确保吊车支架放置平稳,并设警戒区,禁止非施工人员入内,尤其是在吊臂转动范围内,不得有人走动或进行其他作业。

吊车提升拆除导管过程中,作业人员应注意吊钩位置,以免发生砸伤事故。

③混凝土灌注

桩基灌注时,施工人员分工明确,统一指挥。混凝土搅拌运输车倒车时,指挥员必须站在司机能够看到的固定位置,避免混凝土搅拌车出料槽与料斗碰撞,防止指挥员走动过程中跌倒而发生机械伤人事故。孔口应设防坠落设施,护筒周围不宜站人,防止不慎跌入孔中。

灌注混凝土时,减速漏斗的吊具、漏斗、串角挂钩和吊环均要稳固可靠。泵送混凝土时,管道支撑确保牢固并搭设专用支架,严禁捆绑在其他支架上。

④其他防护措施

钻孔桩基坑要用护栏围起,并用较醒目的标记,以防人员和机械掉进基坑中;基坑中因下雨存水,为防止掉进水中,应及时将水抽出,并将基坑周围用铁丝网挡住,可参见图5-44;桩基施工完毕后,应及时清运泥浆并回填。

图5-44 桩基周边防护示例图

钻孔过程中会产生泥浆,为防止或减少环境污染,应设置泥浆池,泥浆池安全管理应满足以下要求:

a.泥浆池要给予封闭,并且有标牌指示,避免百姓特别是小孩到池中去,以免产生危险。

b.泥浆池设置双横杆钢管防护栏,栏杆柱打入地面深度不少于0.5m,活动门部位埋深0.3m,防护栏埋设距泥浆池边缘不小于0.5m,立柱间距2.0m,防护栏杆设置过塑钢丝网,挂设安全标志牌及桩位标识牌,如图5-45所示。

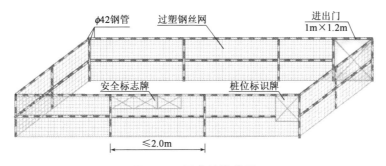

图5-45 泥浆池防护图

c.可设置泥浆循环净化系统。

（3）人工挖孔桩

人工挖孔施工在公路建设行业发挥了巨大的作用。随着技术的不断发展与进步，人工挖孔工艺在部分地区成为了限制使用工艺。黄土地区沟壑叠峦的地形地貌决定有些施工点机械难以到达，或者受施工工期、资金投入等因素的限制，而选用人工挖孔施工工艺。人工挖孔施工方法简单，但施工环境恶劣，事故后果严重，曾发生过高处坠落、物体打击、中毒窒息等生产安全事故。因此，在施工过程中需要加强安全管理，提高作业人员的安全意识。

不得在地下水位高（特别是存在承压水时）的砂土、厚度较大的淤泥和淤泥质土层中进行挖孔桩施工。挖孔作业前，应根据地质、地下水情况编制专项施工方案，超过15m或地质条件复杂时须经专家论证、审查。

①人员安全管理

a. 施工作业时必须戴好个人防护用品，如安全帽、安全带、防护眼镜等，严禁穿拖鞋、赤脚进入施工现场。

b. 作业人员上岗前应进行体检，禁止高、低血压及心脏病等疾病的人员上岗。

c. 安排专人监护，与孔内人员紧密配合。

d. 孔内作业人员连续工作时间不得超过2h，应轮换工作。

②开挖作业

a. 傍山地段进行挖孔桩作业前，应仔细检查和清除陡坡上的浮石，必要时须设置防滚石措施，雨后应检查边坡的稳定情况；并完善截排水措施。

b. 当采用混凝土护壁时，应随挖随护，每一循环进尺不得超过1m，开挖后必须随即进行混凝土护壁施工。松软土质时每人循环进尺不得大于50cm，严禁超挖。

c. 孔内排水应使用潜水泵，不得用内燃机放在孔内作排水动力，排水应在孔内人员上到地面后进行。

d. 当挖孔至5m以下时，应在孔底面上3m左右处的护壁上设置半圆形防护板，防护板固定牢靠，防护板可采用钢板或密眼钢筋网制作。

e. 桩孔内应设防水带罩灯照明，应采用安全电压及防水绝缘电缆。

③渣土调运

a. 电动卷扬机吊绳、连接部件和料桶必须设置牢固，确保卷扬机制动、止锁装置完好，起吊设备须设置有效可靠的限位器及防脱装置，并采取有效可靠的防倾覆措施，安全系数不小于2。

班前和施工过程中，要随时检查绞车各部件、支腿、吊绳与挂钩等，发现问题要立即修理或更换。

b. 吊运渣土时,孔内作业人员应暂停作业,并站在半圆形防护板正下方;提升大石块时,应先装载好石头,待人员到达地面后再提升。

c. 提升容器装载不得过满,禁止工具与土(岩)渣混装提升;提升工具时应将工具放入提升容器内,长柄工具应将重的一头放在底部,上端用绳捆在绞绳上。

d. 升降时,先将吊桶等容器与安全挂钩挂好,待发出信号联系妥当后再升降。

④人员上下通道

a. 挖孔桩内须配备专用安全软爬梯,爬梯宽度宜为0.5m,步距宜为0.3m,承载力应不小于2000N,如图5-46所示。

b. 用手摇绞车上下人员时,手必须由两人摇动;严禁作业人员用绳索攀上攀下;井下需要工具应用提升设备递送,禁止向孔内抛掷。

⑤孔口防护

a. 孔内停止作业时,必须盖好孔口或设置高于80cm的护栏封闭围住,并设立醒目的警示牌,非作业人员禁止入内;桩孔孔边1m范围内不得存放任何杂物,土方堆放应在孔口边1.5m以外;3m内不得行驶或停放机动车。

b. 人工挖孔桩孔口护壁应高出地面30cm以上,井口硬化宽度不小于60cm,周边应设置活动式U形护栏。孔口区域须设置护栏围挡,挂过塑钢丝网,并设置相关的安全警示标牌,如图5-47所示。

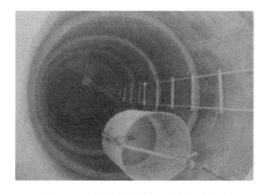

图5-46 孔内半月板及软梯示例图　　图5-47 孔口U形防护示例图

c. 孔口需用垫板时,垫板两端搭放长度不得小于1m,垫板宽度不得小于30cm,板厚不得小于5cm;孔径大于1m时,孔口作业人员应系安全带并扣牢保险钩,安全带必须有牢固的固定点。

d. 孔口覆盖采用钢筋网片,同时设置安全警示标志,可参见图5-48。

图 5-48 人工挖孔桩孔口及周边防护示例图

⑥其他安全防护措施

a.孔口地面应设置好排水系统,以防孔内排水和下雨雨水孔内回灌,如孔口附近出现泥泞现象必须及时清理。

b.挖孔桩作业时须采用跳挖方式开孔,保持通风,配备气体浓度检测仪。进入桩孔前应先通风 15min 以上,确保孔内空气符合规范要求;在含有毒有害气体的地区进行孔内作业,应至少每 2h 检测一次有毒、有害气体及含氧量。

孔深超过 10m 时,要经常检查孔内 CO_2 浓度,如超过 0.3% 时,人体就感到不舒服,要采取机械通风或其他通风方式。

(4)墩柱(台)、塔柱

桥梁墩台、墩柱等结构的施工作业主要包括模板安装与拆除、混凝土浇筑等,其中钢筋笼多数由钢筋加工厂加工成半成品后,运到施工现场,或者施工现场加工好以后再安装。施工过程涉及高处作业和起重吊装作业,危险性均较大,施工作业现场外围应设置警戒区,设立安全警示标志标牌,禁止无关人员进入施工现场,加强现场安全管理。

①模板安装与拆除

地质结构的特点决定了桥梁的结构特性,不同桥梁、不同墩号的墩柱结构尺寸不同,模板可能需要特别定制、加工。目前,桥梁墩柱常用翻模、爬模、移动模架等。模板工程施工安全管理要点如下:

a.翻模、爬模、移动模架施工的实心或空心钢筋混凝土墩(塔)工程,应根据工程的现场条件编制专项施工方案并经专家论证、审查。

b.高墩翻模、爬模、随升安全护栏应采用定制钢护栏,护栏高度不小于 1.5m,栏杆及整个平台吊架外侧满挂密目安全网,并配置消防器材。

c.黄土地区,桥梁施工区域经常刮风,春季还可能遇到沙尘暴天气,应对墩柱模板设置临时支撑,防止倾覆,或采取其他抗风措施。如当一块或几块模板单独竖立和竖立较大模板时,应设立临时支撑,要安好边结紧固器;操作时要搭设脚手架和工作台。整体模板合龙后,应及时用拉杆斜撑固定,且模板支撑不得固定在脚手架上。

d.用机械吊装模板时,应先检查机械设备和钢丝绳、卡环等吊具,设置警戒区;模板下放至距地面1m时,作业人员方可靠近操作。

e.拆除模板时,应按顺序分段拆除,不得留有松动或悬挂的模板,在用撬棍、锤作业时,应照顾四周和上下的安全,防止误伤他人;此外,3m以上模板在拆除时,应用起重设备拉紧,缓缓送下。禁止双层同时拆除模板。

②钢筋绑扎或钢筋笼安装

钢筋绑扎及安装作业时,应按施工要求摆放钢筋支架或马凳架起上部钢筋,严禁作业人员翻爬或站立在骨架上作业,作业人员不得攀爬脚手架以及防护栏杆,并关注现场的设备、开关箱、电源线和人员,防止钢筋触伤他人及设备的传运部位,触及带电部位造成事故。

墩身钢筋绑扎高度超过6m时,应采取临时固定措施;墩柱钢筋笼设立完成后,8~12m设置一道风缆,每增加10m高度增设一道风缆,钩挂在环向加强筋上,后续工序中转移到模板相近高度;模板上的螺栓数量及安装要求严格按照施工方案的要求执行。

用吊车吊运钢筋骨架前,应了解现场环境、电力和通信等架空线路、附近建(构)筑物和被吊钢筋笼高度等状况,确认起重机与电力架空线路的最小距离必须符合的要求;在吊装作业时,应设警戒区,安排专人指挥吊运工作,吊运前应先试吊,确认正常后方可正式起吊,待钢筋降落到地面时方可靠近,就位支撑好后方可摘钩。

③混凝土浇筑

混凝土浇筑时,应安排专人监测观察浇筑情况,浇筑高度和速度应严格遵照施工方案执行,防止爆模;发现模板、支架以及支撑体系出现位移、变形等异常情况时,及时撤离人员,查明原因后进行校正和加固。

泵送混凝土浇注时,输送管道头应紧固可靠,不漏浆,安全阀完好,管道支架要牢固,检修时必须卸压。

振捣器应防雨、防潮、防触电,电机绝缘电阻合格,有可靠的零线保护,装设合格漏电保护开关,电机电缆线长度合适,严禁用电缆线拖拉振捣器;操作人员必须戴绝缘手套、穿绝缘鞋,防止触电;浇注、振捣混凝土时,防止冲击模板。

④人员上下通道及作业平台

桥梁下部结构施工前,必须设置安全爬梯;墩身高度不超过5m的,须设置带护笼的直爬梯或"之"字形爬梯(图5-49、图5-50);墩身高度在5~40m时,必须设置标准梯笼;墩身高度在40m以上的宜安装附着式施工电梯。

图5-49　高墩电梯通道　　　　图5-50　"之"字形爬梯

墩柱施工时,应搭设作业平台,平台宜采用支架、预埋托架搭设,宽度不应小于50cm,操作平台护栏高度不得小于1.2m,且四周必须挂上安全防护网,并且平台应铺满木板或脚手板,有坡度的须设置防滑条。操作平台上的施工荷载,应均匀对称,不得超负荷。若搭设脚手架,脚手架下部地面应进行硬化处理,保证脚手架的稳定性。

在墩柱通道处,设置安全防护棚,保证施工车辆和人员的安全。

(5)系(盖)梁施工

系梁是起拉杆作用的梁,主要是为了把两个桩或墩连成整体受力;盖梁在排架桩墩顶部设置的横梁,是支撑桥梁上部结构,并将全部荷载传到下部结构。

系梁、盖梁施工涉及模板作业、混凝土浇筑作业,均是高处施工,危险性较大。系梁、盖梁的位置决定了两墩柱之间的施工作业为悬空作业,其是施工安全管理的要点,材料的调运等施工作业风险防控见上一小节"墩柱"的有关内容。

系梁、盖梁处施工作业时,必须搭设作业平台,并应在平台四周设置防护栏杆,防护栏杆应由上中下三道横杆组成,上杆离平台面1.5m,每道横杆间距0.5m,立杆间距不应超过2m,立杆采用钢管制作,刷红白或黄黑相间油漆。作业人员必须正确佩戴安全带。施工现场条件允许的情况下,也可以考虑使用安全母索。

盖梁施工采用"摩擦钢抱箍托架法"时,新加工的抱箍应进行预压试验,检验抱箍的承载力;抱箍安装应采用力矩扳手确保高强螺栓紧固满足要求,紧固的螺栓数量须满足施工方案要求;采用"剪力销托架法"时,剪力销直径及外露尺寸应满足施工方案要求。盖梁托架不得使用千斤顶作为支承设施。

盖梁施工托架支撑的横梁为工字钢(或其他型钢)时,可采用中穿对拉螺栓的钢管支撑,防止工字钢横梁产生侧向倾覆;横梁为拼装贝雷梁时,不得遗漏未拧螺栓,并应安装花窗或剪刀撑,增加稳定性、防止倾覆。

应利用盖梁支架平台和脚手架等施工通道,紧跟施工防震挡块、支座垫石。

5.3.3 上部结构施工

桥梁工程上部结构是指桥梁支座以上(无铰拱起拱线或框架主梁底线以上)跨越桥孔部分的总称;通常又称为桥跨结构,是在路线中断时跨越障碍的主要承重结构。

桥梁上部结构施工方法有预制法、逐孔法、悬臂法、现浇法、顶推法、转体法、缆索吊装法等。黄土地区,常用预制梁、现浇梁及悬臂梁施工方法,本小节仅介绍上述方法的安全管理工作。

(1)预制法

预制法是指梁体结构预先在预制场预制完成,通过架设、吊装等方式将梁体结构安装在墩柱盖梁之上。一般在架设之后,先现浇墩顶连续段,设置永久支座的同时拆除临时支座,然后完成体系转换、横隔板、湿接缝等施工。预制法施工流程如图5-51所示。

图 5-51 预制梁施工流程图

预制法施工安全管理工作要点如下:

①应根据预制梁结构特点和现场环境状况编制运输和架设方案,尤其注意选择合适的吊装机械、运输车辆和配套设备;长度不小于40m的预制梁运输与安装专项方案须经专家论证。

②梁板运输前,应对运梁设备、道路(轨道)进行检查;首次运梁应有技术人员全程监控。

③梁板运输时,应满足以下要求:

a.运输通道应保持平顺、通畅,运输通道宽度不应小于4m,横坡坡度不宜大于2%,纵坡坡度不应大于4%,保证运梁时不倾覆。

b.梁板应支垫、支撑、捆绑牢固,并安排专人监控。

c. 运梁车在上下坡、停放或喂梁时,轮胎最前端应采取防滑、防遛措施。

d. 采用炮车运梁时,应做好以下安全生产管理工作:

a)驾驶员须有一定操作驾驶经验,信号工须持有效证件上岗;

b)采用前后双制动刹车并配备相应数目的垫木,行驶速度不宜超过3km/h,车上设置警示标志及警示灯,跨国道、省道时须进行警戒;

c)轮胎不能走在翼板位置,不得在裸梁上行走,以确保梁板的实体结构安全;若需通过裸梁时,裸梁上应采取防护措施,梁端接缝处应垫一定厚度的钢板。

④梁板的吊装应满足以下要求:

a. 吊装前,应检查安全技术措施及安全防护设施等准备工作是否齐备,检查设备状况、支撑环境是否满足要求,严禁无准备盲目施工;

b. 前后支点处须用枕木或型钢组合支撑,墩顶两侧采用风缆固定;

c. 梁、板构件移动吊点位置应符合设计规定,经冷拉的钢筋不得用作构件吊环,吊环应顺直,吊绳与起吊构件的交角小于60°时应设置吊梁或起吊扁担;

d. 吊移高宽比较大的T形梁和I形梁应采取防止梁体侧向弯曲的有效措施。

⑤梁板架设所采用的起重设备,应满足施工方案要求并持有有效的出厂合格证、检验合格证、使用登记证等证书;特殊工种作业人员必须持证上岗,并组织相关作业人员进行安全技术交底。

⑥采用移动吊车双机联吊属于关键性吊装,吊装前应组织相关人员查看现场,方案应经过吊装司机确认;起吊时保持通信、信号明确;做好警戒围挡工作,安排专人进行指挥,并协调周边交通引导与疏导,可参见图5-52。

图5-52 移动吊车吊装桥梁示例图

⑦采用架桥机作业,应做好以下安全工作:

a. 架桥机就位后,前后支点、支腿不得直接放置在未硬化处理的台背回填上,防止发生台背沉陷;

b. 每次架梁作业前,应对起重设备进行安全检查,重点应检查各操作系统、移动系统、安全系统(力矩限制器、变幅限制器等)运转是否正常,同时应检查钢丝绳、轧头、吊钩、滑轮组等是否符合规定;

c. 架梁作业时应设专人指挥,按预定的施工顺序进行;

d. 梁板运输时,梁端应设钢板或便桥,桥面应设置梁板运输的专用通道,如图 5-53 所示;

图 5-53　梁顶面梁板运输通道

e. 梁板在架桥机上纵、横向移动时,应平缓进行,起吊或落梁时应平稳匀速进行,卷扬机操作人员应按指挥信号协同动作;

f. 梁板就位后应及时固定,并与先安装的梁板形成横向连接;运梁、架设应在相邻梁板之间的横向主筋焊接完成后实施;

g. 架梁时,作业人员行走的通道,必须采取防护措施,确保施工安全;深水施工,应备救护用船;

h. 夜间、6 级(含)以上大风等恶劣气候时,不得进行架梁作业。

⑧使用钢轨轨道的,钢轨的两侧必须设置限位装置,并经常检查其完好性,滑轮运转不正常时,应立即停止作业并进行检查。

⑨T 梁先简支后连续体系转换负弯矩区张拉、压浆时,狭小空间及悬空作业应满足《建筑施工高处作业安全技术规范》(JGJ 80—2016)有关要求;悬挂、悬挑操作平台(图 5-54)应专门设计并满足安全要求,平台上操作人员不超过 2 人,且系安全带。

图 5-54　悬挂式操作平台

⑩梁板安装作业时，须安排专职安全员进行现场监督。作业过程中，地面应设警戒区，周围应设置"施工重地、闲人免进""注意安全""当心落物"等警告标志，由专人值守，禁止非施工人员进入。

在道路、航道上方进行梁板安装或架桥机移跨过孔时，须设临时交通管制措施，严禁行人、车辆和船舶在桥梁下方通行。

⑪每跨梁板安装完成后应及时设置临边防护栏杆，并在湿接缝、整体式桥梁中央分隔带处设置防坠、防落网；梁板顶面如有预留孔应设置防护栏杆或盖板；防护栏杆上应设置"禁止翻越""当心坠落"等警示标志。

（2）现浇法

现浇法施工有满堂支架现浇、挂篮施工、顶推法施工等施工工艺，一般统称为后张法，不同施工工艺搭设脚手架的方法不同，安全管理要点如下：

①应根据现浇梁结构特点和具体环境状况选择支架类型，按《公路工程施工安全技术规范》（JTG F90—2015）附录 A 要求编制专项施工方案，支架基础和结构应经过计算，并符合设计要求。

②软基路段、半挖半填区施工支架方案宜使用钢管桩基础及贝雷片或工字钢支撑体系、混凝土基础，采用满堂支架方案必须进行沉降计算，并充分考虑雨季及施工期的影响。

③支架结构稳定、可靠是现浇法施工的基本保障，搭设与拆除均需做好相关工作：

a. 支架搭设前，应按规范要求对地基进行压实、硬化处理，周边设置排水沟，大雨后须对地基及排水系统进行检查，及时排除积水；对已掏空的地基应进行压浆处理，并重新进行地基承载能力检验。

b. 支架搭设完成后应进行验收，并按要求进行逐孔预压，加载的顺序和重量应符合施工方案要求，预压荷载宜为支架需承受全部荷载的 1.05~1.10 倍。

c. 搭设和拆除支架应设置警戒区，张挂警示标志，禁止非操作人员通行，并有专人负责警戒；现浇梁翼板边侧应搭设高度不小于 1.50m 的安全防护栏，侧面应满挂过塑钢丝网，并在合适位置设置"禁止攀登""当心坠落"等警示标志；跨路支架现浇施工，应采取防落、防撞措施及交通疏导标志。

④高处、复杂结构模板的安装与拆除，须专人指挥，并在工作区域进行临时围挡，禁止人员过往。

了解现场电力和通信等架空线路、附近建（构）筑物等状况，选择适宜的起重机，并确定对吊装影响范围的架空线、建（构）筑物采取的挪移或保护措施。

⑤在施工现场主要施工部位、作业点、危险区、主要通道口布设足够数量的警示牌、

防护护栏、标牌等；如现浇施工位置影响到周边群众出行，还应预留通道，做好交通引导，设置限宽、限高警示告知，可参见图5-55。

图 5-55　现浇法施工现场警示告知示例图

⑥夜间施工时，各项工序或作业区的结合部位应有明显的反光标志，施工人员应穿戴反光衣，设红灯警示灯。

⑦现浇梁施工时，做好避雷防护措施，搭设安全爬梯。

（3）悬臂法

悬臂法又称无支架平衡伸臂法或挂篮法，所用的主要设备是挂篮，通过挂篮的前移，对称地向两侧跨中逐段浇筑混凝土，并施加预应力，循环作业，其施工工艺流程如图5-56所示。

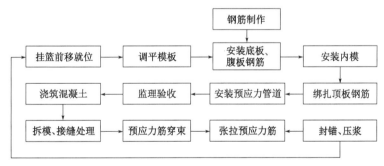

图 5-56　悬臂法施工工艺流程图

悬臂法施工属于悬空高处作业，主要有起重吊装作业、模板作业、钢筋绑扎作业、混凝土浇筑作业，作业空间有限，还受恶劣天气的影响，危险性极大，因此，在施工生产中，必须加强安全管理工作。

一般高墩桥梁或跨线桥梁施工采用悬臂法。高墩桥梁采用该工艺，采用电梯作为人员上下通道，并在通道上搭设安全防护设施，在周边设置警戒区，并设专人管理，防止外来人员进入，可参见图5-57。

图 5-57 墩柱下方安全防护示例图

采用悬臂法施工,安全生产管理要点如下:

①悬臂现浇梁施工须编制专项施工方案,悬浇施工的挂篮、0 号块支架(托架)、边跨支架、合龙段吊架等临时支撑结构应进行专项设计,并应对临时支撑结构的强度、刚度和稳定性进行验算,抗倾覆安全系数应大于 2;支撑结构体系搭设完成后,应全面检查,进行预压,并做加载试验。

②作业前,应检查所使用的机具设备的安全性,尤其是千斤顶、滑车、手拉葫芦、钢丝绳等工具,应有足够的安全系数,不符合安全规定的严禁使用;后锚扁担梁精轧钢应拧出螺母 3cm 以上,并应进行双螺帽安全设置,同时防止精轧螺纹钢受弯折。

③在墩上进行 0 号块施工,以斜拉托架用作施工平台时,在底模平台边缘处,应设临时护栏,外围设安全网,安装好扶梯;斜拉托架平台与分水尖托架平台搭设的人行道板必须连接牢固,人行道板上应采取防滑措施。此外,箱梁 0 号块预留检查孔,并安装爬梯,便于人员从内部走到挂篮吊点工作面。

④挂篮应派专人进行日常安全检查,重点检查图 5-58 所示部位。

图 5-58 挂篮重点安全检查部位

⑤挂篮滑道铺设应牢固、平整、顺直,前移行走设专人指挥,挂篮前移过程中应保持同步、平稳;挂篮行走过程中,不得有任何人员站在挂篮上。挂篮行走调到位后,作业人员才能进入作业。

⑥挂篮在安装、行走及使用中,应严格控制荷载,防止过载的冲击、震动。如需在挂篮上另行增加设施(如防雨棚、立井架、防寒棚等),不得损坏挂篮结构及改变其受力形式;雨天或风力超过挂篮设计移动风力时,不得移动挂篮。

⑦悬臂拼装施工应按照专项施工方案执行。挂篮拼装及悬臂组装中,危险性较大,在高处及深水处作业时,应设置安全网,搭好脚手跳板,设置临时护栏,并配备救生设施;节段梁起吊前,应对起吊机具设备及节段梁进行全面检查、验收,并进行试吊;起吊时,节段梁应保持平衡稳定;在接近安装部位时,不得碰撞已安装就位的构件和其他设备设施;运送节段梁的车辆(或船只)在节段起升后应迅速撤离。

⑧悬浇施工时,挂篮底篮、上横梁及其通道周边应设置临边防护设施,已完成的上部结构临边应设置防护栏,在护栏上设置"当心坠落""禁止翻越""禁止抛物"等警示标志,如图 5-59 所示。

⑨浇筑混凝土时,挂篮桁架后端,应锚固在已完成的梁段上,并配重使之与浇筑的混凝土重量保持平衡状态。挂篮桁架行走和浇筑混凝土时,其稳定系数不得小于 1.5。

浇筑合龙段混凝土时,在悬臂端预加压重,随浇筑进程,加载逐步撤出时,应自上而下进行。撤出压重时,应注意安全,防止砸伤。

⑩箱梁混凝土接触面的凿毛工作,所用手锤柄应牢固。作业人员之间应有一定的安全距离,并应做好安全防护措施。

⑪在通航河流、公路、铁路、人行通道上方作业时,挂篮下应采取防坠物措施(兜底挂篮、防护棚等),如图 5-60 所示。

图 5-59 挂篮防护设置示例图

图 5-60 跨线施工安全防护示例图

5.3.4 桥面系施工

桥面系指的是桥梁附属设施中,直接承受车辆、人群等荷载并将其传递到主要承重构件的桥面构造系统,包括桥面铺装、桥面板、纵梁、横梁、遮板、人行道等。

桥面系的施工流程如图 5-61 所示。

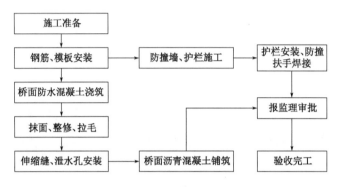

图 5-61 桥面系施工流程图

桥面系施工危险性较大的作业包括:临边作业、高处作业、移动用电等。安全管理要点如下:

(1)架设好的预制梁板横向、纵向均存在缝隙,均要完成钢筋绑扎、模板安装等工作才能浇筑混凝土,容易发生高处坠落事故,需设护网;梁板上预留钢筋凸起,作业人员及施工电线可能发生卡住、绊倒事故;桥梁墩台与路基工程存在高程差,作业人员、运输车辆上下存在困难,需搭设安全通道。桥面护网搭设、通道平台可参见图 5-62、图 5-63。

图 5-62 桥面系梁板之间防护图　　图 5-63 桥台上下通道图

作业人员穿越中分带时应走专用通道,不得跨越左、右幅间隙;桥梁内防撞栏施作完成后,应设置专用安全通道,以供作业人员通行。

在面层施工前须临时通车的,伸缩缝位置应采取钢板覆盖或用土工布包裹素混凝土封闭等措施,以便通行。

(2)防撞墙、护栏等临边工程施工前,应设置临边安全防护措施,防止发生作业人员高处坠落事故。防护栏杆的高度不小于1.2m,栏杆上设置密目安全网、"当心坠落"等警告标志,桥下有人、车通行处应设置挡脚板,可参见图5-64。

图5-64　桥面临边防护示例图

防撞栏施工应采用"移动工作架",满足安装模板、浇筑混凝土工作人员安全防护的需要。

(3)桥面施工会使用振捣器、抹平机、凿毛机等小型机具,存在临时用电,做好临时用电安全管理至关重要。应严格按照"三级配电、两级保护"及"一机一闸一箱一漏"的要求落实,并在配电箱内标明用电设备名称。

①架空线采用绝缘铜线或绝缘铝线,符合电业局的规定;不得捆在架管或钢筋上,防止破损漏电;

②各种电动机械设备必须有可靠的接零接地和防雷装置;

③电动机械和手持电动工具要设置漏电掉闸装置;

④电气装置遇跳闸时,不得强行合闸,应查明原因,排除故障后方可合闸;

⑤现场所用的各种电线绝缘不准有老化、破皮、漏电现象;

⑥检修用电设施时必须断电进行,并设专人监护,配电箱应门锁齐全,配电箱内不准堆放杂物,配电箱上应有明显标志;

⑦雨季施工要注意电器设备的防雨、防潮、防触电;

⑧在临边作业时要有必要的防护措施,防止高空坠落、物体打击。

(4)焊接作业时,对于防火要求较高的地区应设置有针对性的防火措施。

(5)施工现场应设专人管理,并设置安全警示标志:

①桥头两端设警示栅栏,非施工人员严禁入内;

②防撞墙施工过程中,桥梁下方有人、车通过时,桥下应设警戒区,在适当位置设置"施工重地,闲人免进""当心落物"等警告标志;

③桥面伸缩缝安装应分左、右幅交替封闭交通施工,并设置安全警示及交通指引标志。

(6)施工现场文明安全施工,应做好以下工作:

①护栏施工过程中,严禁在高处直接向下抛物;

②桥面材料及机械设备的堆放,必须进行规划,并报监理审批,堆放处应进行安全围挡和设立警示标志,严禁乱堆乱放;

③夜间施工要设红灯示警,配备足够的照明设备;

④各工序施工结束后应及时做好作业面的清场工作;

⑤遇有雷雨、大雾或风力超过6级时,应停止露天作业。

5.4 隧道工程

隧道是在岩土体中开挖形成的用作地下通道的地下工程结构物,供机动车辆通行。公路工程中为缩短行程或避免出现大纵坡线形而修建隧道工程。

根据隧道所在位置可分为山岭隧道、水下隧道;按照隧道埋置的深度分为浅埋隧道和深埋隧道;按照隧道所处的地质条件分为土质隧道和石质隧道。黄土地区,公路隧道主要是山岭隧道。

隧道结构主要包括主体建筑物和附属设备两部分。主体建筑物由洞身和洞门组成,附属设备包括避车洞、消防设施、应急通信和防排水设施,长大隧道还有专门的通风和照明设备。

隧道施工安全风险与地质结构紧密相关,其内结构复杂,管线复杂,作业空间有限,环境恶劣,无光照、通风条件有限,空气质量差,且救援难度大,尤其是长大隧道施工。因此,隧道施工属于危险性高的施工作业,必须做好各个环节的施工安全生产工作。

本小节围绕洞口、洞身施工,结合关键施工工序,介绍隧道工程施工主要安全生产管理要点。

5.4.1 洞口工程

俗话讲:"万事开头难",隧道洞口施工易发生边坡、仰坡坍塌事故,施工的危险性较大。黄土地区,隧道工程的洞口施工作业的安全性与地质结构稳定性、地表降水情况、风沙土堆积情况、地表植被覆盖情况等紧密相关。施工单位必须高度重视,不仅要做好边坡安全防护,还要做好洞口安全管理,详细要点如下:

(1)结合地勘资料,合理选择施工时间,避开久旱后降雨或持续多日降雨等天气,以防隧道洞口段地表径流流量大,使施工活动受到滑坡和泥石流等自然灾害的影响,发生生产安全事故。

(2)施工前,为避免洞口相邻工程、临时工程对洞口稳定性造成影响,必须根据洞口附近的地形、地质、水文、环境及边、仰坡施工等条件,编制具有针对性的安全技术措施,并全面进行安全技术交底。

(3)开挖前,应先清理洞口上方及侧方可能滑塌的表土、灌木、山坡危岩、孤石等,并应按设计要求做好周边截排水系统,防止地表水冲刷边、仰坡。

(4)高陡边仰坡洞口施工,应设置安全棚、安全栅栏或安全网等防护设施,以预防发生物体打击等伤害事故。

(5)洞口开挖以后,及时施作天沟,及时处理边仰坡坍塌、地表下沉、地基承载力不足、工作面崩塌、偏压、滑坡等情况,或加强防护。边仰坡防护应做到开挖一级防护一级,如图5-65所示。

图5-65 洞口边坡防护示例图

(6)洞口采用爆破法施工时,可采用爆破控制技术进行安全监测。

(7)对于湿陷性黄土隧道,可在洞口仰坡开挖线外布设1~2个地表沉降监测断面,监测点自拱顶中心向两侧展布至边坡开挖线外5m,测点间距不大于5m。

进洞后,开挖面距监测断面<2B时(B为隧道开挖宽度,下同),监测1~2次/d;开挖面距监测断面<5B时,监测1次/(2~3)d;开挖面距监测断面>5B时,监测1次/(3~7)d;如遇大雨天气,应及时进行加密监测;洞门主体结构施工完毕后,才能结束监测。如洞顶有民房或隧道是极软岩等容易发生大变形的隧道,应按照有关规范要求进行洞内外监测。

(8)隧道洞口位于Ⅳ级及Ⅴ级围岩段时,洞身开挖90m之前应施作完成洞口工程;洞口位于Ⅲ级围岩段时,洞身开挖120m之前应施作完成洞口工程。

5.4.2 开挖与支护

(1)洞口安全管理

隧道工程洞内施工为半封闭环境,洞口安全管理是安全生产的首道防线。为了有效告知隧道施工安全风险,全面掌握进洞施工人员、机械设备的情况,可采用信息化系统、视频监控系统、人员跟踪定位系统先进的技术手段等来强化洞口安全管理。

①洞口处应设置值班室,专人负责对进出隧道的人员、机械和爆破器材进行实时登记管理,便于全面掌握隧道施工情况,如图5-66所示。

网络布设施工条件允许时,可将视频监控系统布设在洞口值班室。

②从安全标准化建设的角度出发,洞口应设置相应的告知标牌图,包括工程概况牌、管理人员名单及监督电话牌、消防保卫(防火责任)牌、安全生产牌、文明施工牌、风险告知牌、施工现场平面图及安全警示标牌等。

③1km以上的隧道和Ⅲ、Ⅳ级风险隧道应配置电子门禁系统、视频监控系统和人员识别定位系统,实时显示洞内的人数及其他人员信息,其他隧道可参照使用,见图5-67~图5-69。

图5-66 洞口告知标牌图

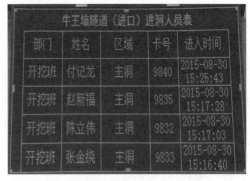

图5-67 人员进洞情况显示牌

图5-68 隧道洞口门禁系统及视频监控系统

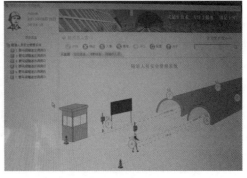

图5-69 人员定位系统图

④洞口场地须硬化,通行道路硬化长度不小于50m,如图5-70所示。

⑤为避免发生车辆伤害事故,在出入口设置人车分离通道,可将自动识别车牌的门禁系统应用于隧道车辆管理,如图5-71所示。

图5-70 洞口路面硬化图

图5-71 人车分离管理通道

(2)洞身开挖

黄土地区,不同土质、岩质的稳定性差异巨大,隧道洞身开挖作业应结合地质水文情况、施工安全总体风险评估和专项风险评估的结论,严格按照设计文件确定的开挖方法进行开挖作业,尽可能避免发生施工安全事故。安全生产管理的要点如下:

①开挖作业

洞内开挖作业的危险性较大,应做好以下安全生产管理工作:

a. 开挖人员到达工作地点时,应首先检查工作面是否处于安全状态,如有松动的石、土块或裂缝应先予以清除或支护。

b. 爆破作业后,应按"先机械、后人工"的顺序进行找顶,确认安全后方可进行下道工序。

c. 台阶法开挖时,台阶长度不宜超过隧道开挖宽度的1.5倍,台阶不宜多分层,上台阶开挖高度不得超过隧道净高的2/3;当设有型钢拱架或钢格栅时,台阶两侧马口错开距离不小于2m,上部断面及下部断面一次开挖长度应相同,一次开挖长度不应超过1.5m,且须在4h内接顺钢架并落地稳固。

d. 当采用中隔壁法(CD)或交叉中隔壁法(CRD)开挖时,开挖侧喷射混凝土强度达到设计要求后方可进行另一侧开挖,左右侧导坑掌子面须保持不小于1倍洞径的纵向距离,且同一侧导坑的上下台阶应保持3~5m的距离;当开挖形成全断面时,应及时完成全断面初期支护闭合,中隔壁及临时支撑应在二衬施工时逐段拆除。

e. 采用双侧壁导坑法施工时,导坑宽度宜为隧道宽度的1/3倍。侧壁导坑、中槽部位开挖应采用短台阶,台阶长度3~5m,必要时应预留核心土;左右导坑前后距离不宜小于15m;导坑与中间土体同时施工推进时,导坑应超前30~50m。

f. Ⅲ级及以上等级的围岩开挖后的拱顶和边墙部位应及时进行初喷封闭,喷射混凝土厚度不宜小于3cm,防止掉块、开裂、渗水、变形。

g. 当同一隧道双向开挖接近贯通时,两端的施工负责人应当加强联系,服从统一协调指挥;距离小于100m时,一端爆破,另一端掌子面附近人员应撤离至安全区域;当两端掌子面距离15~30m时(视围岩情况确定),应改为单向掘进。当一端爆破开挖时,应将另一端掌子面附近人员和设备撤至安全区域,并在安全距离处设置警示标志和警戒线,禁止人员入内,直至全面贯通。

h. 隧道开挖应连续循环作业,若因故停工,停工前应对掌子面进行检查并制定专项措施予以封闭,停工7d以上时,复工前施工单位技术负责人应组织人员对掌子面安全状态进行核查确认。

i. 仰拱开挖时,Ⅳ级及以上围岩仰拱每循环开挖长度不得大于3m,不得分幅施作;开挖后应立即施作初期支护;栈桥等架空设施强度、刚度和稳定性应满足施工要求,栈桥基础应稳固,桥面应做防侧滑处理。

开挖的仰拱前后应设醒目的安全警示标志,栈桥等架空设施两侧应设限速警示标志,车辆通过速度不得超过5km/h;隧道爆破施工时,应设置警戒线,并在洞口放置如"前面放炮,禁止通行"的警示标牌,如图5-72、图5-73所示。

图5-72 仰拱施工搭设的栈桥

图5-73 爆破警示标牌

②渣土弃料运输

隧道洞身以及竖井、斜井开挖后,需要将大量的渣土运出,一般采用装载机、自卸车等车辆配合运输,特长隧道也采用轨道运输。在渣土运输中,车辆伤害、火灾是常发生的事故类型。关于渣土运输安全管理要点如下:

a.各类运输车辆必须处于完好状态,使用前应详细检查,确保制动有效、灭火器等器材配备齐全。

b.运载车辆应有专人驾驶,其持有相应的驾驶资格证。驾驶人员严格遵守有关交通运输安全规定:

a)严禁人料混载,严禁施工车辆载人。

b)不准超载、超宽、超高运输。装运大体积或超长料具时,应有专人指挥,专车运输,并设置示界限的红灯,物件应捆扎牢固。

c)装渣机上的电缆或高压胶管应有专人收放、装渣。

d)会车时空车让重车,重车减速行驶,两车厢间距离不小于0.5m;同向行驶,前后两车间距离至少为20m,洞内能见度差时,应加大间距。

e)挖掘机不论是作业或走行时,都不得靠近洞内架空输电线路。如必须在高低压架空线路附近工作或通过时,机械与架空线路有一定的安全距离,防止电缆挂断漏电。

f)挖掘机在工作中,严禁进行维修、保养、紧固等工作。工作过程中若发生异响、异味、温升过高等情况,应立即停车检查。

g)洞内所有机械、设备须粘贴反光标志,严禁占用运输通道,见图5-74。

图5-74 隧道机械设备安全围护

③应急救助管理

由于洞内较为封闭的施工环境,施工作业危险性大,事故后果严重,应急救援难度大,因此需提前布设应急逃生救助设施,有关要求如下:

a.在隧道开挖掌子面至二次衬砌之间应设置逃生通道,并随着开挖进尺不断前移,逃生通道距离开挖掌子面不大于20m。

b.逃生通道的刚度、强度和抗冲击能力应满足安全要求,内径不宜小于0.8m。

c.采用钢管作为逃生通道时,壁厚不小于10mm,每节管长宜为5m,在每节钢管距端头1.5m处各设一个吊环,焊接在同一纵断面上,钢管间采用连接钢板和U形插销连接。

d.推广使用轻质、高强的新型逃生通道,见图5-75。

(3)支护与衬砌

隧道内的支护与衬砌结构主要是应用钢架、钢筋网、锚杆、混凝土等刚性材料支撑起开挖好的隧道断面结构,以避免坍塌事故的发生。因此,隧道工程支护与衬砌工作要及时,安全生产工作要点如下：

①支护前,应清除爆破后危石,作业人员正确佩戴防护用品,确保工作平台牢固可靠。

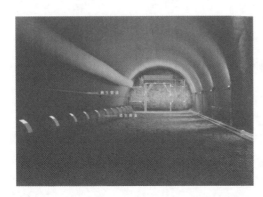 

图 5-75　隧道内应急逃生通道

②锚杆施工推广使用自动锚杆钻机;喷射混凝土施工推广使用带机械手的混凝土湿喷机;施工时,注浆管接头要牢固,喷嘴前端严禁站人,锚杆(管)注浆作业应安装压力表,杜绝压力超限,防止爆管伤人。

③当超前地质监测发现监测数据有不正常变化或突变,洞内或地表位移值大于预警值,洞内或地表出现裂缝以及喷层出现异常裂缝时,均应视为危险信号,必要时立即报告上级并组织洞内作业人员撤离现场,待采取处理措施后才能继续施工。

④钢拱架节段之间必须连接牢固,底部须平整垫实且稳定,不得有积水浸泡,严禁将钢拱架坐落在松软的土体或风化石上;钢拱架之间须连接成整体,每一台阶均须有锁脚锚杆,锁脚锚杆下插角度应满足设计要求,且施作高度距离钢拱架脚不大于80cm,并采用U型筋与钢拱架连接牢固;临时钢拱架支护应在隧道初期支护封闭成环并满足设计要求后拆除。

⑤二衬台车模板及支架应具有足够的刚度、强度和稳定性,应满足自动行走要求,并有闭锁装置;两车道台车面板钢板厚度不小于10mm,三车道台车面板钢板厚度不小于12mm,三车道以上二衬台车必须经过验算,邀请有关专家研究审查后定制;应对台车的各种伸缩构件、液压系统和电气控制系统进行严格的调试,确保使用状态良好;台车爬梯应由同一厂家配套生产,并安装牢固;台车行走轨道应采用型钢、钢板或不小于200mm×200mm的方木支垫稳定,支垫高度不大于30cm,轨道铺设长度应超出台车不小于3m;主洞二衬模板台车每施工200m应校核一次。

⑥施工作业台车(含开挖台车、防水板铺挂台车和二衬台车等)上固定的电线电缆

应采用PVC管进行保护,接头部位应采用绝缘胶带包裹并固定,施工过程中应加强对电路的巡视检查,防止漏电造成触电事故。

⑦在软弱、破碎的围岩地段,仰拱应随开挖及时施作,尽快使初期支护形成封闭环,及时施作二衬;二衬距掌子面的距离Ⅳ级围岩不得大于90m,Ⅴ级围岩不得大于70m;其他地段,待初期支护位移和变形稳定后施工二次衬砌。

仰拱与掌子面的距离,Ⅲ级围岩段不得超过90m,Ⅳ级围岩段不得超过50m,Ⅴ级围岩段不得超过40m。

⑧施工期间,现场施工负责人应会同有关人员定期对支护各部进行检查,在不良地质地段每班应设专人随时检查;当发现支护变形或损坏时应立即整修或加固;当发现已喷锚区段的围岩有较大变形或锚杆失效时,应立即在该区段增设加强锚杆或其他加固措施,情况严重时应先撤离施工人员,再行加固。

⑨施工现场工作平台、台车是最基本的安全设施,安全管理要点如下:

a. 支护和衬砌使用工作台车平台应满铺,设安全防护栏、爬梯、防滑等设施,安全防护栏高度为1.2m,立杆间距不得大于1.5m,横杆与上下件之间距离不得大于60cm,立杆和扶杆宜采用$\phi 48mm$钢管制作。

b. 当工作台车两侧悬臂可伸缩时,伸缩杆(梁)上须设置有效的限位装置。

c. 二衬台车和工作台车上应安装灯带及反光标识,并在两侧防护栏杆外侧配挂全反光材料制作的安全警示牌,确保施工和车辆通行安全,见图5-76。

图5-76 作业台车安全标识

d. 隧道衬砌施工应遵守高处作业的相关操作规程。

e. 衬砌钢筋安装应设临时支撑,临时支撑应牢固可靠,并有醒目的安全警示标志;钢筋焊接作业时在防水板一侧应设阻燃挡板。

5.4.3 其他安全管理

（1）交通安全

①洞内运输车辆应做到"三不超（不超速、不超载、不超员）、五不开（不开斗气车、不开有隐患的车辆、不酒后开车、不开准驾不相符的车辆、不疲劳驾驶车辆）"；装运大体积、超长料具时应有专人指挥、专车运输，并设置指示界限的红灯，料具应绑扎牢固；出渣车辆掉头段应设专人指挥。

②进出隧道的行人通道与机械、车辆通道应分开设置；运输通道应有专人进行维修养护，并清理两侧的废渣和余料，保持路况良好。

③隧道成洞段，车速不得超过15km/h；未成洞段，车速不得超过5km/h，如图5-77所示。

图5-77　隧道限速示例图

④在洞口、平交道口及施工狭窄地段应设置"减速慢行"等警示标志，必要时应设专人指挥交通。

⑤洞外弃渣场地应保持一定的上坡段，防止车辆顺坡翻车，并在弃渣场临边侧以内1m处设置醒目的停车标志。

（2）通风设施

①（特）长隧道、瓦斯隧道应进行专项通风设计，隧道单向掘进长度超过150m时应进行机械通风。

②隧道作业人员应配备防尘口罩、耳塞等个人劳动保护用品。

③施工通风应纳入工序管理,由专人负责。通风应能提供洞内各项作业所需的最小风量,风速不得大于 6m/s;每人供应新鲜空气不得小于 $3m^3/min$,内燃机械作业供风量不宜小于 $4.5m^3/(min·kW)$。

④风管与掌子面的距离应根据隧道断面尺寸确定,送风式通风管的送风口距掌子面不宜大于 15m,排风式吸风管距开挖面不得大于 5m,风管底面高度不宜小于 2.5m;风管过台车台架时,应预留风管专用通道,避免弯折造成风损。

通风软管敷设在洞壁或地面上,应采取有效措施固定,防止风管摆动、脱落,沿线应每 50~100m 设置警示标志或色灯。

供风管应敷设平顺,接头严密,不漏风;软管与钢风管的连接必须牢固可靠,风管拆卸必须在空压机停机或关闭闸阀后进行。

⑤通风机设置在洞口一侧,通风机距洞口不得小于 30m,固定于机架上,机架应采用混凝土固定,并设置安全警示标志。

⑥严禁人员在风管的进出口附近停留;通风机停止运转时,任何人员不得靠近通风软管行走和在软管旁停留,不得将任何物品放在通风管或管口上。

⑦隧道施工应采取综合防尘措施,并应配备专用检测设备及仪器,见图 5-78;超过 500m 的隧道应配备喷雾降尘设备,见图 5-79。

图 5-78 检测仪器图

图 5-79 降尘作业示例图

隧道内若存在矽尘的作业场所,每月应至少取样分析空气成分一次,测定粉尘浓度一次。

洞口处设置监测数据公示栏,利用检测设备监测洞内粉尘、有害气体等,并及时更新公示栏数据,且检测数据在洞口 LED 显示屏上滚动公示。

(3)排水设施

①隧道洞口截、排水系统应与路基或附近自然水系接顺,防止地表水冲刷边、仰坡。

隧道内出现涌水、滴水等现象时,应采取可靠措施将地下水引流至隧道内排水沟排出洞外。

反坡排水时,抽水机应根据距离、坡度、水量和设备情况确定,排水能力应大于预测最大排水量的120%,并设有备用;顺坡排水时,排水沟断面应满足隧道排水需要。

②隧道高位水池不宜设置在隧道正上方,且须做好防渗水措施,并悬挂"禁止攀爬"的安全警示标志。

③排水沉淀池周边应设置安全护栏并张挂密目式安全网,护栏高度不小于1.2m,并设置警示标志,见图5-80。

(4)消防设施

隧道洞内发生火灾,救援难度大,后果严重。为了避免火灾事故的发生,应按要求配备消防器材,做好以下消防安全管理工作:

①隧道洞口应放置消防安全注意事项标识牌,道内重点部位(易燃可燃材料临时存放点等)按要求设置消防器材,洞口值班室配备不少于2具4kg灭火器。

图5-80 洞口沉淀池围闭

②施工隧道洞口工程时,宜按设计要求结合营运永久性消防水池建设土建施工期的高低位水池及取水点,以供后续洞内施工和消防用水,见图5-81。

③隧道防水板属于易燃材料,而钢筋、钢拱架焊接作业产生高温、电火花,如处理不当,会造成火灾。因此,二衬台车、防水板工作台车处应放置不少于4具的4kg灭火器,并设置明显的标识牌,见图5-82。

图5-81 洞口消防水池

图5-82 台车灭火器标识牌

5.5 交通安全设施

高速公路交通安全设施是为保障行车和行人的安全而设置的设施。在道路沿线所设置的交通安全设施包括交通标志、标线、护栏、隔离栅、轮廓标、诱导标、防眩设施等。交通安全设施施工作业的危险性较小,常发生的事故类型有机械伤害、高处坠落、高温灼烫、问题物体打击等。

5.5.1 交通标志

交通标志的施工涉及基础、立柱、牌面的施工,基础可能在已完成刷坡的边坡之上,施工流程如图 5-83 所示。

为了避免发生高速坠落、物体打击事故,施工安全管控要点如下:

(1)施工过程中,按《公路工程施工安全技术规范》(JTG F90—2015)、《公路养护安全作业规程》(JTG H30—2015)等落实安全措施。

(2)标志基坑开挖时,基坑边缘应设置防护栏杆或围挡,夜间应加设红色警示灯,如图 5-84 所示。

施工区域须设置警示围蔽设施,在施工点前、后方 50m 位置应设置"前方施工、减速慢行"、导向指示牌、限速牌(限值为 20km/h)及频闪灯等进行警示,同时在施工区域设置隔离设施、反光锥(间距 3m)等进行围蔽。

(3)材料堆放及车辆设备停放区域应用反光锥进行围蔽。

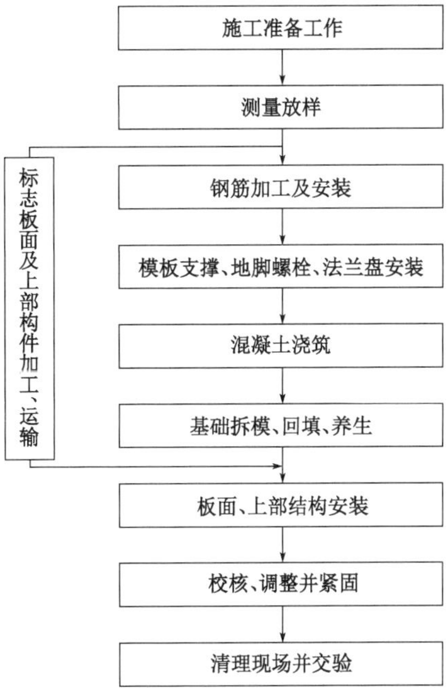

图 5-83 交通标志施工流程图

(4)施工现场,作业人员应穿着反光衣,高处作业人员佩戴安全带。

(5)标志支撑结构的安装应在基础混凝土强度达到设计要求后进行。

(6)安装门架、悬臂标志时,作业人员确需高处作业时应使用高空平台作业车或液压升降机,如图 5-85 所示。

图 5-84　基础施作安全防护图　　图 5-85　安全标志安装示例图

标志安装等高处作业过程中,施工人员不得站在标志横梁等结构物上作业,需高处作业时应使用高空平台作业车。

高空平台作业车的使用应符合相关安全操作规程的规定,操作人员应经过专门培训并持证上岗,作业现场应有专人指挥。

使用起重机械进行标志吊装作业时,应符合高处作业的有关规定;起重机械与周边高压线等危险因素应保持足够安全距离,并有专人负责指挥起重作业。

(7)隧道内施工时,应安排专人在洞内作业区指挥车辆,做好作业区的照明和通风工作。

5.5.2　交通标线

高速公路常使用的交通标线材料主要有常温型、加热溶剂型和热熔型,施工工艺流程如图 5-86 所示。常温型标线材料有酯胶、环氧、丙烯酸和氯化橡胶等;加热溶剂型涂料,加热温度较低,通过溶剂挥发和树脂在空气中氧化聚合而成膜,干燥速度较快,涂膜厚;热熔型涂料无溶剂,施工时需要加高温使粉状涂料熔化,利用专用设备涂敷于路面,冷凝后成标线。

高速公路主要使用热熔型标线材料,施工作业过程中可能发生高温灼烫、化学品挥发有害气体伤害呼吸系统和外露皮肤等事故。

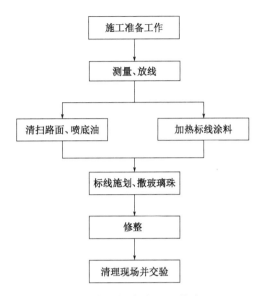

图 5-86　路面标线施工工艺流程图

交通标线施工作业安全管理要点如下：

(1) 划线机设备的操作人员必须经过专业的培训后方可上岗；

(2) 作业人员须穿戴棉质工作服、无暴露的工作鞋，佩戴防护眼镜和手套；

(3) 检查供气系统、液压系统、导热油量、制动装置、转向装置等，确保设备安全可靠；

(4) 配备防火、灭火设备和治疗烫伤的应急药物；

(5) 施工作业中，与绿化、交通标志等施工作业保持一定的安全距离；

(6) 停止划线作业时，如热熔釜仍在加热和保温，操作人员不得擅离岗位。

5.5.3　护栏

高速公路护栏多数是波形梁护栏，主要由立柱和护栏板组成，在中央分隔带和硬路肩两侧，施工作业流程如图 5-87 所示。

立柱施工作业可能发生机械伤害和物体打击等事故，护栏安装可能发生挤伤、碰伤等事故。为了预防事故的发生，施工安全管理要点如下：

(1) 定期检修、保养打桩机，及时检查高压油管等是否有破损；

(2) 辅助操作人员应与打桩机保持一定的安全距离；

(3) 施工中用到的氧气、乙炔气瓶应保持安全距离，并防止暴晒；

(4) 施工中使用的小型电动工具要完好无损，不得带病作业。

此外，施工作业打桩作业使用发电机，有关临时用电安全管理的内容参见"4.3　临时用电安全管理"。

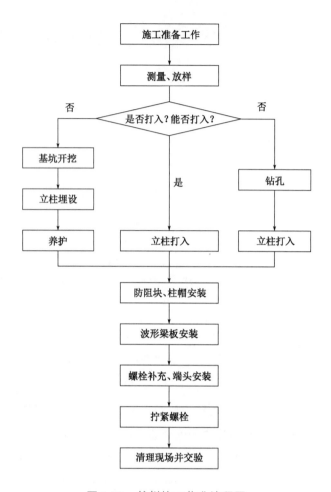

图 5-87　护栏施工作业流程图

5.5.4　隔离栅

隔离栅在高速公路行车道之外,用于防护社会人员、车辆进入行驶区域。隔离栅施工流程图见图5-88,作业危险性比较大的区域是高边坡和深挖路段,材料运输难,施工场地有限,可能会发生高处坠落、机械伤害等事故及蛇、虫咬伤等伤害。

隔离栅施工安全管理要点如下:

(1)隔离栅作业人员应佩戴防穿刺手套;

(2)作业人员进行路堑以及高边坡隔离栅施工时,必要时应佩戴安全带,避免发生高处坠落事故;

(3)汛期、雨后做好检查,黄土地区预防发生滑塌掩埋等事故;

(4)在植被覆盖率高的地区施工,做好预防野兽攻击的防护措施。

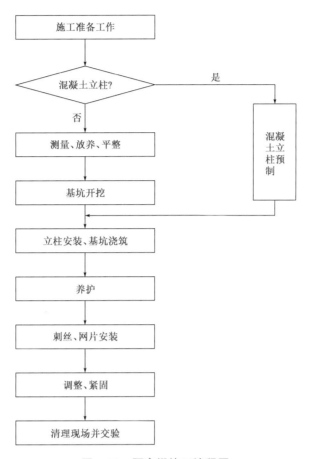

图 5-88 隔离栅施工流程图

5.5.5 防抛网

桥梁防抛网施工安全管理要点如下：

(1)桥梁防抛网安装,应封闭桥下通道,禁止无关人员及车辆进入跨线施工下方空间。无法封闭交通时,应在作业区车道上设置防护棚。

(2)防抛网安装等需跨线作业时,应封闭下作业区下方通道,防止物件跌落伤人。

(3)防抛网施工过程中,作业人员应在桥上护栏内侧施工,不得在无防护的条件下站立护栏顶或外侧施工,防止人员高处坠落;若需在桥上护栏外侧施工,应使用高处作业车或专用工作架进行高处作业。

第6章 安全生产管理新技术应用

近些年,公路工程参建各方均加强安全生产管理,但安全生产形势依然严峻,科技兴安在保障从业人员生命健康、财产安全中发挥着重要的作用。在安全生产管理领域应用的新技术也是多种多样,本章节以黄土地区某一高速公路项目为例,介绍新技术的应用。

6.1 实时定位系统的应用

高速公路工程施工,线长、面广、点多是主要的特点,施工人员、机械设备分布广,尤其是隧道工程施工,采用实时定位系统进行管理是提高安全管理水平的重要手段,也为事故应急救援提供基础信息。黄土地区,某高速公路工程建设项目,应用了机械指挥官、工地宝、巡逻鹰等信息化管理系统,并配套开发了手机 App,是施工安全管理的良好手段,为施工安全生产提供保障。

6.1.1 工地宝

工地宝是辅助落实安全生产责任制、掌握人员所在位置的信息化管理软件。其主要功能如下。

(1)实现劳务人员实名制管理

在一线工人参加安全教育培训的时候,采用专用手持设备扫描身份证,输入工人工种、队伍等基本信息,同时可录入有关操作资格证和作业人员照片等图像信息;为每一个作业人员发放安全帽的同时,关联人员 ID 和安全帽芯片(图 6-1),实现人、证、图像、安全帽统一管理。

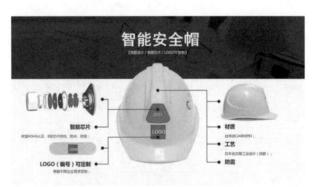

图 6-1　芯片安全帽结构图

(2)项目人员定位、轨迹和分布

当施工人员进入施工现场,通过考勤点或关键进出通道口设置的"工地宝",主动感应安全帽芯片发出的信号,记录时间和位置;通过 3G 上传到云端,再经过云端服务器处理,得出人员的位置和分布区域信息,并绘制人员全天移动轨迹,如图6-2所示。

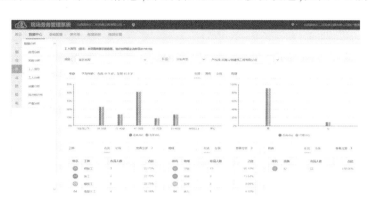

图6-2 在岗劳务人员统计分析图

6.1.2 巡逻鹰GPS车辆定位管理系统

巡逻鹰GPS车辆定位管理系统主要是安全专用车辆的管理平台,为施工单位提供整套的安全专用车辆管理解决方案。系统方案从车辆的使用、巡查轨迹、保养、维修、风险控制各环节,将油耗、工作时间、地理位置的实时数据与施工企业运营管理连接在一起,构建现代化信息管理系统,实现安全车辆智能管控。该软件的主要功能如下。

（1）实时定位功能

车辆实时定位是系统最基本的功能,左侧栏为车辆列表,右侧为地图,顶部为其他功能的导航栏。

（2）轨迹回放功能

车辆行驶历史轨迹回放,在实时定位栏中的"今天历史轨迹""前5小时历史轨迹"可以查询,主要用于核查安全专用车辆是否落实施工单位的安全主体责任,是否深入一线开展隐患排查与安全检查等工作,系统的显示如图6-3所示。

图6-3 车辆行驶轨迹显示图

(3)报表管理

车辆日常使用报表,选择开始时间和结束时间,选择车辆,即可查询,并可导出报表,如图6-4、图6-5所示。

图6-4 车辆管理日报表图

图6-5 车辆沿线分布图

6.1.3 机械指挥官

机械指挥官在高速公路施工领域的应用,主要是通过搭建物联网管理平台对施工机械进行管理,从机械的使用、保养、维修、风险控制等环节入手,将油耗、工作时间、地理位置的实时数据与项目运营管理连接在一起,实现智能化信息管理,其主要功能如图6-6所示。

第6章 安全生产管理新技术应用

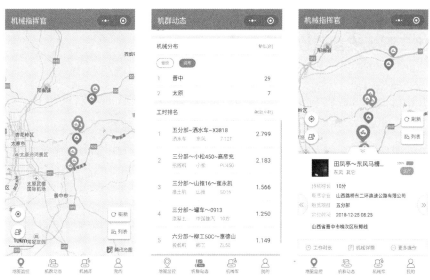

图 6-6　施工车辆管理定位管理系统图

6.2　建筑信息模型(BIM)技术的应用

建筑信息模型(BIM,Buildiny Information Modeling)技术已经广泛应用于公路工程之中,在项目前期的策划、施工设计以及施工各阶段,都可应用新技术来解决工程实际问题。

公路工程施工中,可应用手机 App 4DBIM 软件对施工现场的隐患进行管理,首先是将隐患拍照记录,明确整改要求、整改责任人、整改期限等关键内容,然后通过 App 软件传达至相关管理者。BIM 技术在施工安全生产的应用,可实现智能化、远程化、信息化的安全管理,达到提高安全管理效率的目的。其安全管理功能如图 6-7 所示。

图 6-7　BIM 应用于隐患排查治理示范图

6.3　施工现场安全监控系统应用

运用智慧公路可视化安全管理平台软件及手机 App EZView 软件,可对全线施工作业人员进行无死角、不间断监管,通过智能化、远程化的安全管理,将安全生产中人、物、机械设备的定位与监控以及工作状态实时网络监控,对生产中存在的违规、违章等进行及时纠偏,同时运用大数据可视化监控中心统一展示管理,实现安全管理动态化、常态化。

安全视频监控以高墩施工现场、拌和厂、预制厂等为主要监视管控重点,实现平台对现场安全生产状况的实时掌控,如图 6-8、图 6-9 所示。

图 6-8　智慧公路可视化安全管理平台　　图 6-9　手机 App EZView 软件监控图

6.4　智慧可视化综合管理平台应用

智慧可视化综合管理平台主要应用于大型集团公司对所属项目的安全管理,包括人员管理、设备管理、安全投入管理、应急管理、隐患管理、安全检查评价管理等功能,如图 6-10 所示。

可通过平台掌握所承揽的项目在全国的分布情况,为统筹安排部署安全生产检查等工作提供辅助决策等技术支撑。

(1) 人员管理

该平台对接项目"N+1"安全责任体系中的安全编码管理系统数据,实现对全线参建人员的人数统计、实名制管理、安全责任清单、安全教育培训及安全技术交底等实时在线查询。

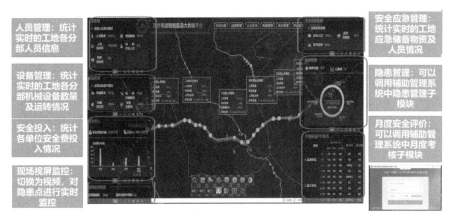

图 6-10　智慧可视化平台界面功能图

（2）设备管理

该平台对接设备编码管理系统数据，实现对全线进场设备的数量统计、进场检验记录、日常维护记录、操作人员证件等设备安全管理信息的实时在线查询，确保每一台进场设备检验合格，日常检查到位。

（3）安全投入管理

该平台实现对现场安全费用投入的实时统计和安全设施报验的台账式管理，并且通过设施报验单可对现场的安全设施设置情况进行直接查询。

（4）应急管理

该平台实现应急人员、应急设备数量的实时统计，同时对应急物资库及周边应急救援机构进行显示，为应急管理提供辅助支持。

（5）安全检查评价管理

该平台对接集团公司安全检查评价系统数据，对月度安全检查评价通报、奖罚等情况进行统计展示。

6.5　隐患排查治理系统的应用

以施工单位隐患排查治理为目的，建立实时动态的管理系统，主要功能如下：

（1）新增隐患

在施工现场发现隐患，可记录回办公室在电脑上填报，也可以在手机 App 上填报，界面如图 6-11 所示。

（2）隐患整改

在系统中可以查看隐患整改的状态，分为"未整改的隐患"或者"检查出的隐患"，隐患管理-整改界面如图6-12所示。

图6-11　新增隐患界面图

图6-12　隐患整改界面图

(3) 隐患详情

隐患完成管理后,可现实详细情况,界面如图6-13所示。

图6-13　隐患详情界面图

APPENDIX ONE 附录1

公路工程施工主要安全生产责任

公路工程施工主要安全生产责任清单及依据一览表

序号	项目	责任	依据
1	建章立制	加强安全生产管理，建立健全全员安全生产责任制和安全生产规章制度，加大对安全生产资金、物资、技术、人员的投入保障力度，改善安全生产条件，加强安全生产标准化、信息化建设，构建安全风险分级管控和隐患排查治理双重预防机制，健全安全风险分级管控和隐患排查治理双重预防机制，健全风险防范化解机制	《安全生产法》第四条
2	安全条件	应当具备法律、法规、规章和工程建设强制性标准规定的安全生产条件。依法对展项目安全生产条件审核，不具备安全生产条件的，不得从事生产经营活动	《安全生产法》第二十条 《公路水运工程安全生产监督管理办法》第十一条
3	安全职责	主要负责人对本项目安全生产工作应负下列职责： （一）建立、健全本项目全员安全生产责任制； （二）组织制定本项目安全生产规章制度； （三）组织制定并实施本项目安全生产教育和培训计划； （四）保证本项目安全生产投入的有效实施； （五）督促、检查本单位的安全生产工作； （六）组织制定并实施本单位的生产安全事故应急救援预案； （七）及时、如实报告生产安全事故； （八）备案安全生产专项方案； （九）审核安全生产专项经费； （十）检查生产安全事故隐患整改情况	《安全生产法》第二十一条
4	安全考核	建立健全全员安全生产责任制，明确各岗位的责任人员，责任范围和考核标准等内容；建立相应的机制，加强对全员安全生产责任制落实情况的监督考核	《安全生产法》第二十二条 《公路水运工程安全生产监督管理办法》第二十七条
5	安全机构	设置安全生产管理机构或配备专职安全生产管理人员	《安全生产法》第二十四条

续上表

序号	项目	责任	依据
6	人员职责	安全管理机构或安全管理人员履行下列职责： （一）组织或者参与拟订本项目安全生产规章制度、操作规程和生产安全事故应急救援预案； （二）针对工程项目特点和风险评估情况，告知相关人员紧急避险措施； （三）组织或者参与本项目的安全生产教育和培训，如实记录安全生产教育和培训情况； （四）督促落实重大危险源的安全管理措施； （五）组织或者参与本项目的应急救援演练； （六）检查本项目的安全生产状况，及时排查生产安全事故隐患，提出改进安全生产管理的建议； （七）制止和纠正违章指挥、强令冒险作业、违反操作规程的行为； （八）督促落实本项目安全生产整改措施	《公路水运工程安全生产监督管理办法》第二十四条
7	履行职责	安全生产管理人员应当格尽职守，依法履行职责 作出涉及安全生产的决策，应当听取安全生产管理人员的意见。不得因安全生产管理人员依法履行职责而降低其工资、福利等待遇或者解除与其订立的劳动合同	《安全生产法》第二十五条 《安全生产法》第二十六条
8	管理能力	主要负责人和安全生产管理人员必须具备与本项目所从事的生产经营活动相应的安全生产知识和管理能力	《安全生产法》第二十七条
9	安全培训	对从业人员进行安全生产教育和培训，保证从业人员具备必要的安全生产知识，熟悉有关的安全生产规章制度和安全操作规程，掌握本岗位的安全操作技能，了解事故应急处理措施，知悉自身在安全生产方面的权利和义务。未经安全生产教育和培训合格的从业人员，不得上岗作业 建立安全生产教育和培训档案，如实记录安全生产教育和培训	《安全生产法》第二十八条 《公路水运工程安全生产监督管理办法》第十五条

续上表

序号	项目	责任	依据
10	安全告知	向从业人员如实告知作业场所和工作岗位存在的危险因素、防范措施以及事故应急措施	《安全生产法》第四十四条
		根据风险评估等级,在工程沿线受影响区域作出相应风险提示	《公路水运工程安全生产监督管理办法》第二十八条
11	劳动防护	必须为从业人员提供符合国家或者行业标准的劳动防护用品,并监督、教育其按照使用规则佩戴、使用	《安全生产法》第四十五条
		应当安排用于配备劳动防护用品,进行安全生产培训的经费	《安全生产法》第四十七条
12	安全经费	工程项目前,组织对安全生产费用总体使用计划进行评审,督促施工单位根据评审意见修改完善总体使用计划	《山西省公路工程安全生产费用管理办法》第九条
		编制工程招标文件及项目概预算,安全生产费用,应确定保障安全作业环境及安全施工措施所需的安全生产费用,并不得低于国家规定的标准	《公路水运工程安全生产监督管理办法》第二十一条
13	工伤保险	必须已参加工伤保险,为从业人员缴纳保险费	《安全生产法》第五十一条
14	安全管理	公路水运工程施工招标文件及施工合同中应当载明项目安全管理目标、安全生产职责、安全生产条件、安全生产信用情况及专职安全生产管理人员配备的标准等要求	《公路水运工程安全生产监督管理办法》第十三条
		申请领取施工许可证时,应当提供建设工程有关安全施工措施的资料	《建设工程安全生产管理条例》第十条
		自开工报告批准之日起15日内,将保证安全施工的措施报送建设工程所在地的县级以上地方人民政府建设行政主管部门或者其他有关部门备案	《建设工程安全生产管理条例》第十条

续上表

序号	项目	责任	依据
14	安全管理	向施工单位提供施工现场及毗邻区域内供水、排水、供电、供气、供热、通信、广播电视地下管线资料,气象和水文观测资料,相邻建筑物和构筑物、地下工程的有关资料,并保证资料的真实、准确、完整	《建设工程安全生产管理条例》第六条
		将拆除工程发包给具有相应资质等级的施工单位。在拆除工程施工15日前,将资料报送建设工程所在地的县级以上地方人民政府建设行政主管部门或者其他有关部门备案	《建设工程安全生产管理条例》第十一条
		对公路工程安全生产负管理责任。依法开展项目安全生产条件审核,按规定组织风险评估和安全生产检查	《公路水运工程安全生产监督管理办法》第二十八条
		建设单位不得违反或者置自行仓基本建设程序。不得随意压缩工期。工期需调整的,应当对影响安全的风险进行论证和评估,经合同双方协商一致,提出相应的施工组织和安全保障措施	《公路水运工程安全生产监督管理办法》第二十八条
		建设单位不得明示或者暗示施工单位购买、租赁、使用不符合安全施工要求的安全防护用具、机械设备、施工机具及配件、消防设施和器材	《建设工程安全生产管理条例》第九条
15	安全检查	按规定组织安全生产检查,对检查中发现的安全问题,应当立即处理	《安全生产法》第四十六条
		对负有安全生产监督管理职责的部门的监督检查人员依法履行监督检查职责,应当予以配合,不得拒绝、阻挠	《安全生产法》第六十六条
16	隐患整改	建立健全并落实生产安全事故隐患排查治理制度,采取技术、管理措施,及时发现并消除事故隐患。事故隐患排查治理情况应当如实记录,并通过信息公示栏向从业人员通报	《公路水运工程安全生产监督管理办法》第二十八条
			《安全生产法》第四十一条

续上表

序号	项目	责任	依据
17	应急预案	应当制定本项目生产安全事故应急救援预案,与所在地县级以上人民政府组织制定的生产安全事故应急救援预案相衔接,并定期组织演练	《安全生产法》第八十一条
18	事故抢救	接到事故报告后,应当迅速采取有效措施,组织抢救,防止事故扩大,减少人员伤亡和财产损失;支持、配合事故调查,并提供一切便利条件服从统一指挥,加强协同联动,采取有效救援措施	《公路水运工程安全生产监督管理办法》第二十四条《安全生产法》第八十条
19	事故报告	接到事故报告后,按照有关规定立即如实报告当地负有安全生产监督管理职责的部门,不得隐瞒不报、谎报或者迟报	《安全生产法》第八十三条
20	事故调查	不得阻挠和干涉事故依法调查处理	《安全生产法》第八十三条
21	事故处理	全面落实整改措施;发生生产安全事故,经调查确定为责任事故的,应当查明事故单位的责任并予以追究	《安全生产法》第八十三条、第八十七条
22	安全咨询	委托安全生产技术、管理服务的机构提供安全生产技术、管理服务的,保证安全生产的责任仍由本单位负责	《安全生产法》第十五条

附录2

APPENDIX TWO

公路工程有关安全生产法律、行政法规及规范性文件

常用的有关安全生产的法律、行政法规及规范性文件一览表

类型	序号	名　　称	发布（颁布）机构	文　件　号
法律	1	安全生产法	第十三届全国人民代表大会常务委员会	中华人民共和国主席令第88号
法律	2	建筑法	第十三届全国人民代表大会常务委员会	中华人民共和国主席令第46号
法律	3	突发事件应对法	第十届全国人民代表大会常务委员会	中华人民共和国主席令第69号
法律	4	特种设备安全法	第十二届全国人民代表大会常务委员会	中华人民共和国主席令第4号
法律	5	消防法	第十三届全国人民代表大会常务委员会	中华人民共和国主席令第81号
法律	6	职业病防治法	第十三届全国人民代表大会常务委员会	中华人民共和国主席令第24号
行政法规	1	建设工程质量管理条例	中华人民共和国国务院	中华人民共和国国务院令第714号
行政法规	2	特大安全事故行政责任追究的规定	中华人民共和国国务院	中华人民共和国国务院令第302号
行政法规	3	建设工程安全生产管理条例	中华人民共和国国务院	中华人民共和国国务院令第393号
行政法规	4	危险化学品安全管理条例	中华人民共和国国务院	中华人民共和国国务院令第645号
行政法规	5	建设工程勘察设计管理条例	中华人民共和国国务院	中华人民共和国国务院令第687号
行政法规	6	生产安全事故应急条例	中华人民共和国国务院	中华人民共和国国务院令第708号
部门规章	1	突发公共卫生事件交通应急规定	中华人民共和国卫生部、交通部	中华人民共和国交通部2004年第2号
部门规章	2	交通运输突发事件应急管理规定	中华人民共和国交通运输部	交通运输部令2011年第9号
部门规章	3	公路建设项目代建管理办法	中华人民共和国交通运输部	交通运输部令2015年第3号
部门规章	4	公路建设市场管理办法	中华人民共和国交通运输部	交通运输部令2015年第11号
部门规章	5	农村公路养护管理办法	中华人民共和国交通运输部	交通运输部令2015年第22号
部门规章	6	路政管理规定	中华人民共和国交通运输部	交通运输部令2016年第81号
部门规章	7	公路水运工程安全生产监督管理办法	中华人民共和国交通运输部	交通运输部令2017年第25号

续上表

类型	序号	名称	发布(颁布)机构	文件号
部门规章	8	公路水运工程质量监督管理规定	中华人民共和国交通运输部	交通运输部令2017年第28号
	9	农村公路建设管理办法	中华人民共和国交通运输部	交通运输部令2018年第4号
	10	公路水运工程试验检测管理办法	中华人民共和国交通运输部	交通运输部令2019年第38号
	11	安全生产违法行为行政处罚办法	国家安全生产监督管理总局	国家安全监管总局令第77号
	12	特种作业人员安全技术培训考核管理规定	国家安全生产监督管理总局	国家安全监管总局令第80号
	13	生产安全事故应急预案管理办法	中华人民共和国应急管理部	应急管理部令第2号
	14	公路建设监督管理办法	中华人民共和国交通运输部	交通运输部令2021年第11号
	15	公路水运工程监理企业资质管理规定	中华人民共和国交通运输部	交通运输部令2022年第12号
规范性文件	1	安全生产领域违法违纪行为政纪处分暂行规定	监察部、国家安全生产监督管理总局	监察部、国家安全生产监督管理总局令第11号
	2	重大事故查处挂牌督办办法	国务院安全生产委员会	安委[2010]6号
	3	交通运输部安全生产约谈办法(试行)	中华人民共和国交通运输部	交安监发[2011]777号
	4	企业安全生产费用提取和使用管理办法	财政部、国家安全生产监督管理总局	财企[2012]16号
	5	公路水运工程安全生产重大事故隐患挂牌督办制度(暂行)	中华人民共和国交通运输部	交质监发[2012]577号
	6	突发事件应急预案管理办法	国务院办公厅	国办发[2013]101号
	7	交通运输部安全生产挂牌督办办法	中华人民共和国交通运输部	交安监发[2013]470号
	8	交通运输部安全生产重点监管名单管理规定	中华人民共和国交通运输部	交安监函[2013]643号
	9	交通运输部安全生产事故责任追究办法(试行)	中华人民共和国交通运输部	交安监发[2014]115号
	10	交通运输部关于推进安全生产风险管理工作的意见	中华人民共和国交通运输部	交安监发[2014]120号

续上表

类型	序号	名称	发布（颁布）机构	文件号
规范性文件	11	交通运输部关于加强危险品运输安全监督管理的若干意见	中华人民共和国交通运输部	交安监发[2014]211号
	12	交通运输部关于加强公路水运工程质量和安全管理工作的若干意见	中华人民共和国交通运输部	交安监发[2014]233号
	13	交通运输部关于推进交通运输安全体系建设的意见	中华人民共和国交通运输部	交安监发[2015]20号
	14	公路水运工程建设重大事故隐患清单管理制度	中华人民共和国交通运输部	交安监发[2015]156号
	15	公路水运工程建设质量安全违法违规行为信息公开工作规则	中华人民共和国交通运输部	交安监发[2015]167号
	16	公路水运工程施工企业主要负责人和安全生产管理人员考核管理办法	中华人民共和国交通运输部	交安监发[2016]65号
	17	交通运输企业安全生产标准化建设评价管理办法	中华人民共和国交通运输部	交安监发[2016]133号
	18	交通运输部关于推进公路水路行业安全生产领域改革发展的实施意见	中华人民共和国交通运输部	交安监发[2017]39号
	19	公路水路行业安全生产监督管理工作责任规范导则	中华人民共和国交通运输部	交安监发[2017]59号
	20	公路水路行业安全生产风险管理暂行办法	中华人民共和国交通运输部	交安监发[2017]60号
	21	公路水路行业安全生产事故隐患治理暂行办法	中华人民共和国交通运输部	交安监发[2017]60号
	22	公路水路行业安全生产考核评价办法	中华人民共和国交通运输部	交办安监[2017]114号
	23	注册安全工程师分类管理办法	国家安监总局、人力资源社会保障部	安监总人事[2017]118号
	24	对"安全生产"领域守信行为开展联合激励的实施办法	国家安全生产监督管理总局	安监总办[2017]133号
	25	公路水路行业安全生产信用管理办法（试行）	中华人民共和国交通运输部	交办安监[2017]193号
	26	建设项目安全设施"三同时"监督管理办法	国家安全生产监督管理总局	国家安监总局令第77号
	27	生产安全事故罚款处罚规定（试行）	国家安全生产监督管理总局	国家安监总局令第77号

附录3 APPENDIX THREE

公路工程施工安全相关的技术标准与规范

公路工程施工安全相关技术标准与规范一览表

序号	名　　称	现行标准号
1	施工企业安全生产管理规范	GB 50656—2011
2	建设工程施工现场消防安全技术规范	GB 50720—2011
3	企业安全生产标准化基本规范	GB/T 33000—2016
4	建筑施工安全检查标准	JGJ 59—2011
5	建筑施工高处作业安全技术规范	JGJ 80—2016
6	建筑施工碗扣式钢管脚手架安全技术规范	JGJ 166—2016
7	建筑施工扣件式钢管脚手架安全技术规范	JGJ 130—2011
8	钢管脚手架扣件	GB 15831—2006
9	组合钢模板技术规范	GB/T 50214—2013
10	建筑施工工具式脚手架安全技术规范	JGJ 202—2010
11	建筑施工模板安全技术规范	JGJ 162—2008
12	建筑工程大模板技术标准	JGJ/T 74—2017
13	建筑施工起重吊装工程安全技术规范	JGJ 276—2012
14	起重机械安全规程　第1部分:总则	GB 6067.1—2010
15	建筑施工升降机安装、使用、拆卸安全技术规程	JGJ 215—2010
16	施工升降机安全使用规程	GB/T 34023—2017
17	塔式起重机安全规程	GB 5144—2006
18	龙门架及井架物料提升机安全技术规范	JGJ 88—2010
19	建筑施工起重吊装工程安全技术规范	JGJ 276—2012
20	建筑起重机械安全评估技术规程	JGJ/T 189—2009
21	建筑机械使用安全技术规程	JGJ 33—2012
22	施工现场临时用电安全技术规范	JGJ 46—2005
23	建设工程施工现场供用电安全规范	GB 50194—2014
24	《爆破安全规程》国家标准第1号修改单	GB 6722—2014/XG1—2016
25	建筑拆除工程安全技术规范	JGJ 147—2016
26	湿陷性黄土地区建筑基坑工程安全技术规程	JGJ 167—2009
27	建筑施工土石方工程安全技术规范	JGJ 180—2009
28	建筑工程施工组织设计管理规程	DB11/T 363—2016
29	施工现场临时建筑物技术规范	JGJ/T 188—2009
30	施工企业安全生产评价标准	JGJ/T 77—2010

续上表

序号	名 称		现行标准号
31	建筑施工作业劳动防护用品配备及使用标准		JGJ 184—2009
32	头部防护 安全帽		GB 2811—2019
33	安全网		GB 5725—2009
34	安全带		GB 6095—2009
35	企业安全文化建设导则		AQ/T 9004—2008
36	建筑施工安全技术统一规范		GB 50870—2013
37	建筑工程施工现场标志设置技术规程		JGJ 348—2014
38	涂装作业安全规程安全管理通则		GB 7691—2003
39	公路路基施工技术规范		JTG/T 3610—2019
40	《环境空气质量标准》第1号修改单		GB 3095—2012/XG1—2018
41	公路桥涵施工技术规范		JTG/T3650—2020
42	架桥机安全规程		GB 26469—2011
43	建筑物防雷设计规范		GB 50057—2010
44	公路隧道施工技术规范		JTG/T 3660—2020
45	矿井提升机和矿用绞车盘形制动器用碟形弹簧		JB/T 3812—2015
46	罐笼安全技术要求		GB 16542—2010
47	道路交通标志和标线	第1部分:总则	GB 5768.1—2009
		第2部分:道路交通标志	GB 5768.2—2009
		第3部分:道路交通标线	GB 5768.3—2009
		第4部分:作业区	GB 5768.4—2017
		第5部分:限制速度	GB 5768.5—2017
		第6部分:铁路道口	GB 5768.6—2017
		第7部分:非机动车和行人	GB 5768.7—2018
		第8部分:学校区域	GB 5768.8—2018
48	公路养护作业安全设施设置规范		DB11/T 3023—2019（北京）
			DB12/T 3023—2019（天津）
			DB13/T 3023—2019（河北）